AF618149

Münchner Beiträge zur europäischen Einigung | 15

Die Reihe
„Münchner Beiträge zur europäischen Einigung“
wird herausgegeben von

Prof. Dr. Dr. h.c. Werner Weidenfeld,
Centrum für angewandte Politikforschung, München

Andrea Riesch

Migration von Marokko in die EU

Migrationsursachen und Reaktionen europäischer Migrationspolitik

Die Deutsche Bibliothek verzeichnet diese Publikation in
der Deutschen Nationalbibliografie; detaillierte bibliografische
Daten sind im Internet über http://dnb.ddb.de abrufbar.

ISBN 978-3-8329-2509-3

1. Auflage 2007

Vorwort des Herausgebers

Zu keinem anderen Herkunftsland von Migranten in die Europäische Union unterhält Brüssel engere Beziehungen als zu Marokko. Ziel dieser Kontaktverdichtung ist es, die Einwanderungswellen kurzfristig zu kontrollieren und langfristig auszutrocknen. Unter Rückgriff auf Migrationstheorien arbeitet Andrea Riesch in der vorliegenden Studie heraus, worin die Ursachen für den Migrationsdruck von Marokko in Richtung EU liegen und mit welchen Maßnahmen die EU hierauf reagiert.
Erst mit der Einsetzung der Hochrangigen Gruppe für Asyl und Migration im Jahr 1998 begann eine europäische Migrationspolitik an Konturen zu gewinnen, die einen integrierten Migrationsansatz mit konkreten Aktionsplänen umfasst. Dieses Migrationskonzept, welches die Berücksichtigung von Migrationsbelangen in die Außenbeziehungen der EU beinhaltet und dabei unter anderem auch die Ursachen von Migration einbezieht, kam bislang gerade in den Beziehungen zwischen der EU und Marokko zum Tragen. Mit ihrer Studie leistet Andrea Riesch daher einen wichtigen Beitrag zur Auseinandersetzung mit einem Thema, dem sich die Europäische Union, dies haben jüngste Ereignisse nachdrücklich gezeigt, in Zukunft in besonderer Weise annehmen muss.

Andrea Riesch hat in München Politikwissenschaft, Neuere und Neueste Geschichte sowie Arbeits- und Organisationspsychologie studiert. Die vorliegende Studie beruht auf ihrer Magisterarbeit, die sie im Sommersemester 2005 am Geschwister-Scholl-Institut für Politische Wissenschaft unter meiner Betreuung verfasst hat. Während ihres Studiums war Andrea Riesch freie Mitarbeiterin an der Europäischen Akademie Bayern und vertiefte ihre europapolitischen Kenntnisse unter anderem durch Praktika in Brüssel und an der Stiftung Wissenschaft und Politik in Berlin. Zurzeit arbeitet sie als Pädagogische Mitarbeiterin an der Georg-von-Vollmar-Akademie in Kochel am See.

Die Studie von Frau Riesch setzt die Tradition der „Münchner Beiträge zur europäischen Einigung“ fort, die im Jahr 1997 mit dem Band „Europa zwischen Zweckverband und Superstaat – Die Entwicklung der politikwissenschaftlichen Integrationstheorie im Prozeß der europäischen Integration“ von Claus Giering ihren Auftakt fand. Seitdem sind insgesamt vierzehn Bände unter anderem zur deutschen Europapolitik, zur Neuordnung des Kompetenz- und Vertragsgefüges der EU, zu den Beziehungen zwischen Europa und den Vereinigten Staaten, Israel und dem Nahen Osten, zu integrationstheoretischen Hintergründen und Perspektiven der EU-Reform, zum europäischen Amt für Betrugsbekämpfung (OLAF) sowie zu den neuen Herausforderungen für die erweiterte Europäische Union erschienen.

Mit den „Münchner Beiträgen“ verbinde ich den Wunsch, der Diskussion um aktuelle Fragen des Integrationsprozesses einen wissenschaftlich-intellektuellen Ort zu geben. Denn die Gestaltung der Europäischen Einigung bleibt eine der ganz großen strategischen Aufgaben für die Zukunft.

All denen, die zur Realisierung dieser Veröffentlichung beigetragen haben, sei an dieser Stelle herzlich gedankt. Mein besonderer Dank gilt Dr. Andreas Beierwaltes vom Nomos Verlag und Almut Metz vom Centrum für angewandte Politikforschung.

Prof. Dr. Dr. h.c. Werner Weidenfeld
Direktor des Centrums für angewandte Politikforschung
der Ludwig-Maximilians-Universität München

Vorwort der Verfasserin

Die Schlagwörter „Freiheit", „Sicherheit" und „Recht" stehen für die europäische Integrationspolitik im Bereich „Justiz und Inneres". Eine zunehmend wichtig werdende Rolle nehmen dabei Einwanderungsfragen ein. In einer Zeit, in der sich Europa zum beliebtesten Zielkontinent vieler Menschen entwickelt, die bereit sind ihre Heimat zu verlassen, sollte die Frage nach dem „Warum" gestellt werden. Auch wenn diese Frage scheinbar leicht mit den wirtschaftlichen Entwicklungsunterschieden zwischen Nord und Süd erklärt werden kann, so sollte auch aus politikwissenschaftlicher Perspektive dieser Frage nachgegangen werden. Dies ermöglicht eine kritische Auseinandersetzung mit europäischer Migrationspolitik. Denn nur eine Politik, die sich auch mit den Ursachen von Migration auseinandersetzt, ist in der Lage auf Wanderungsphänomene in einer globalisierten Welt zu reagieren.

Die vorliegende Arbeit entstand als Magisterarbeit am Lehrstuhl von Herrn Prof. Weidenfeld im Sommersemester 2005. Nach Vornahme einiger Aktualisierungen ist Redaktionsschluss September 2006. Mein Dank gilt Herrn Prof. Weidenfeld für die Betreuung meiner Arbeit und die Ermöglichung der Veröffentlichung.

Danken möchte ich aber auch Dr. Michael Weigl für kritische Anregungen und die wertvolle Unterstützung während der Erstellung meiner Arbeit, Sybille Heinemann und Nina Schierstaedt für anregende Gespräche und konstruktives Gegenlesen, Ursula Rottmayer für ihre sorgfältige Korrekturarbeit sowie ganz besonders meinen Eltern Brigitte und Sebastian Riesch, die mich während meiner gesamten Studienzeit immer unterstützt haben.

Leoni, September 2006

Inhaltsverzeichnis

Abkürzungsverzeichnis

AENEAS	EU-Programm für die finanzielle und technische Hilfe für Drittländer im Migrations- und Asylbereich
BIP	Bruttoinlandsprodukt
CeSPI	Centro Studi Politica Internazionale
CIREA	Informations-, Reflexions- und Austauschzentrum der EU für Asylfragen
CIREFI	Informations-, Reflexions- und Austauschzentrum der EU für Einwanderungsfragen
EGV	Vertrag zur Gründung der Europäischen Gemeinschaft vom 7. Februar 1992, in der Fassung vom 26. Februar 2001
EUV	Vertrag über die Europäische Union (EU) vom 7. Februar 1992, in der Fassung vom 26. Februar 2001
EWG	Europäische Wirtschaftsgemeinschaft
IOM	International Organization for Migration
NRO	Nichtregierungsorganisation
OECD	Organisation für wirtschaftliche Zusammenarbeit und Entwicklung
ONI	Office National d'Immigration
UNHCR	Hochrangiger Flüchtlingskommissar der Vereinten Nationen
VN	Vereinte Nationen

A Einleitung

Die Mitgliedstaaten der EU sind einem nicht nachlassenden Migrationsdruck ausgesetzt, der sich durch zunehmende irreguläre Einwanderung auszeichnet. Die Union sieht sich hier vor ungelösten Problemen, für die auf politischer Ebene nach Lösungen gesucht wird. Nicht immer sind dabei die Mitgliedstaaten einer Meinung. Erinnert sei an die sehr ähnlichen Vorschläge des ehemaligen Bundesinnenminister Otto Schily im Sommer 2004 sowie, ein Jahr zuvor, von David Blunkett, dem damaligen britischen Innenminister, zur Einrichtung von EU-Aufnahmeeinrichtungen für Flüchtlinge und irreguläre Einwanderer in Nordafrika. Der Vorschlag Schilys wurde von den Justiz- und Innenministern der Mitgliedstaaten und auch vom Europäischen Rat diskutiert und brachte die unterschiedlichen Positionen zum Ausdruck. Während Deutschland, Großbritannien und Italien derartige Pläne befürworteten, sprachen sich Frankreich und Spanien von Anfang an dagegen aus.[1]

Ähnlich kontrovers verliefen die Reaktionen der Mitgliedstaaten auf das jüngste und zugleich größte Regularisierungsprogramm der spanischen Regierung im Frühjahr 2005. Wiederholt bot Spanien illegal eingereisten Einwanderern, die meist von Nordafrika aus über das Mittelmeer nach Spanien gelangen, die Möglichkeit einer Legalisierung ihres Aufenthaltstatus an. Damit versuchte Spanien auf den stetig wachsenden Einwanderungsdruck seit den 1990er Jahren zu reagieren. Von Anfang Februar bis Anfang Mai 2005 haben bei den zuständigen Behörden in Spanien etwa 700 000 irregulär eingereiste Migranten einen Antrag auf „Regularisierung" gestellt. 89% der Antragssteller wurde das Bleiberecht gewährt. Die Zahl unerlaubt aufhältiger Personen in Spanien wird aber immer noch auf bis zu einer Million geschätzt. Insbesondere Deutschland und die Niederlande äußerten gegen das spanische Regularisierungsprogramm Bedenken.[2]

Auch wenn Einwanderung, insbesondere die illegale Zuwanderung, von den EU-Mitgliedstaaten übereinstimmend als ein Problem empfunden wird, scheint nach wie vor Unklarheit darüber zu herrschen, wie am sinnvollsten auf diesen Problemkomplex zu reagieren und einzuwirken ist.

Marokko ist von allen nordafrikanischen Ländern sowie den afrikanischen Ländern südlich der Sahara das Herkunftsland mit der größten Einwanderungsgruppe in die EU. Traditionelles Einwanderungsland marokkanischer Migranten ist Frankreich. Die marokkanische Gemeinschaft umfasst in Frankreich etwa 500 000 Perso-

1 Vgl. u. a. Schneidges, Rüdger: Kritik an Schilys Plänen für Auffanglager nimmt zu, in: Handelblatt vom 6.8.2004, Nr. 151, S. 4.

2 Vgl. Süddeutsche Zeitung vom 9.5.2005, Nr. 105, S. 8 und Spanien startet Legalisierungsaktion für illegale Arbeiter, in: Die Welt (online) vom 10.8.2005, online im Internet: URL: http://www.welt.de/data/2005/08/10/ 757773.html [Stand 22.8.2005].

nen. Aber auch in Belgien, den Niederlanden und Deutschland leben Marokkaner. Ebenso entwickelten sich seit Anfang der 1990er Jahre auch zunehmend Spanien und Italien zu Zielländern marokkanischer Einwanderer. Eine Eurostat-Statistik[3] von Januar 2002 beziffert die Zahl der in Belgien, Frankreich, Italien, den Niederlanden und Spanien lebenden Marokkanern auf insgesamt 1.055.682. Abgesehen von Frankreich stellen in den genannten Ländern Marokkaner die größte außereuropäische Bevölkerungsgruppe dar. In Frankreich liegt die Zahl algerischer Einwanderer etwas höher.

Marokko war in den vergangenen Jahren kein Herkunftsland von Asylbewerbern. Die Migration von Marokko nach Europa kann als eine freiwillige Wanderungsbewegung charakterisiert werden, d.h. es handelt sich nicht um eine Flüchtlingsbewegung.[4] Marokkanische Einwanderer fallen unter den im Sprachgebrauch gängigen Begriff der Wirtschaftsmigranten.

In den letzten Jahren nahm die Zahl der unerlaubt eingereisten Marokkaner deutlich zu. 2001 wurden in den fünf Haupteinwanderungsländern, Belgien, Frankreich, Italien, Niederlande und Spanien, 36 765 Marokkaner aufgegriffen, die auf illegalem Weg eingereist waren. Die Zahl illegaler Einwanderer[5] ist besonders in Spanien und Italien stark angestiegen. 2001 stammten 57,1% aller in Spanien aufgegriffenen und illegal aufhältigen Personen aus Marokko. Das entspricht einer Personenzahl von 27 125.[6] Mit einem Höhepunkt 2001 ist diese Zahl aber seit 2002 wieder rückläufig. Hingegen steigt die Zahl aufgegriffener Flüchtlinge aus Afrika südlich der Sahara seit 2002 stark an und machte 2004 in etwa die Hälfte aller von den spanischen Behörden aufgegriffenen Personen aus.[7]

Über die Meerenge von Gibraltar versuchen jeden Sommer Tausende Personen von Marokko nach Spanien zu gelangen. Dabei wird Marokko zusehends zu einem Transitland für Migranten aus Schwarzafrika, was europäischen Bürgern und Politikern vor allem im Herbst 2005 durch die dramatischen Bilder von Flüchtlingsanstürmen auf die Grenzzäune von Ceuta und Melilla ins Bewusstsein gerufen worden ist. Dennoch zeigen die Zahlen, dass die meisten afrikanischen Einwanderer in Eu-

3 Eurostat-Statistik online im Internet:URL:http://www.europa.eu.int/comm/justice_home/doc_centre/asylum/statistcal/docs/2001/apprehended_aliens_citizenship_ms_en.pdf [Stand 9.5.2005].

4 Vgl. Aktionsplan für Marokko, 11426/99 LIMITE JAI75 AG30 (=Dokument des Rates), S. 6.

5 Die im allgemeinen Sprachgebrauch übliche Verwendung des Begriffs des „illegalen Einwanderers“ wird in der Migrationsliteratur häufig gemieden. Dies wird damit begründet, dass eine Person an sich nicht „illegal“ sein kann, sondern nur ihre Handlung. Da jedoch die Europäischen Institutionen den Begriff des „illegalen Einwanderers“ verwenden, wird im Verlauf der Arbeit auf beide Begriffe zurückgegriffen.

6 Vgl. Eurostat-Statistik online im Internet: URL: http://www.europa.eu.int/comm/justice_home/doc_centre/asylum/statistcal/docs/2001/apprehended_aliens_citizenship_ms_en.pdf [Stand 9.5.2005].

7 Vgl. Simon, Julien: Irregular Transit Migration in the Mediterranean: Facts, Figures and Insights, in: Nyberg Sorensen, Ninna: Mediterranean Transit Migration, Copenhagen 2006, S. 25-66.

ropa zum gegenwärtigen Zeitpunkt aus Marokko stammen. 2004 stellten erstmals Marokkaner mit etwa 500 000 Personen die größte Einwanderungsgruppe in Spanien dar. Angesichts des Regularisierungsprogramms der spanischen Regierung 2005, bei dem 11,56 % der Antragssteller marokkanischen Ursprungs waren, wird die marokkanische Gemeinschaft in Spanien weiter anwachsen.[8]

Sowohl in der europäischen Öffentlichkeit als auch in der Politik sorgen einwanderungspolitische Fragen für hitzige Debatten. Die Brisanz dieser Thematik ist angesichts zunehmender illegaler Einwanderung, der damit verbundenen Schlepperkriminalität und vor allem angesichts der Opfer, die die illegale Einreise über das Mittelmeer fordert, nicht von der Hand zu weisen. In Politik und Öffentlichkeit prallen bei der Diskussion über eine europäische Migrationspolitik verschiedene Seiten aufeinander: Während die eine Seite in der Ausrichtung der einzelstaatlichen und gemeinschaftlichen Einwanderungspolitik der EU-Mitgliedstaaten den Aufbau einer „Festung Europa“[9] zu erkennen vermag, spricht die andere Seite von notwendigen Maßnahmen, um den Migrationsdruck in Richtung Europa in geregelten Bahnen verlaufen zu lassen und die Opfer von Menschenhandel und Menschenschmuggel zu schützen.

Marokko ist nicht nur eines der Emigrationsländer mit der größten außereuropäischen Gemeinschaft in Europa, sondern zeichnet sich auch als Herkunftsland illegaler Migration aus.

Um gegen ein Problem wirksam vorgehen zu können, erscheint es nahe liegend, sich mit den Prozessen auseinanderzusetzen, die ursächlich für die Problementstehung sind. Der derzeitige Einwanderungsdruck in Richtung Europa wird als ein Problem empfunden, für das man auf europäischer Ebene nach einer gemeinsamen Lösung sucht. Versäumt werden sollte es daher nicht, auch nach den Ursachen von Migration zu fragen. Neben nationalstaatlichen Zuständigkeiten fällt es auch in den Aufgabenbereich der EU-Politik, hier die richtigen Methoden und Instrumente im Umgang mit Migrationsursachen zu finden.

Ausgehend von diesen Überlegungen und vor dem Hintergrund der Brisanz dieser Thematik ergibt sich folgende Fragestellung: Wo liegen die Ursachen für den nicht nachlassenden Migrationsdruck von Marokko in Richtung Europa und in welcher Form reagiert bislang die Migrationspolitik der EU darauf?

Der aktuelle migrationstheoretische Diskurs bietet ein Raster, mit dem eine Ursachenanalyse marokkanischer Emigration vorgenommen werden kann. Ein allgemeiner Überblick über die Migrationspolitik der EU wird klarstellen, welche Mittel und Methoden die EU bislang ausgewählt hat, um gemeinsam auf ungewollte Einwande-

8 Vgl. online im Internet: URL:http://www.expatica.com/source/site_content_subchannel.asp?subchannel_id=19502 [Stand 10.08.2006]

9 Dieser Ausdruck wird sehr häufig von Kritikern, in der Regel Nichtregierungsorganisationen (NRO), in der öffentlichen Diskussionen verwendet.

rung nach Europa zu reagieren. Herausgegriffen werden diejenigen Instrumente, die sich dabei mit den Ursachen von Migration auseinander setzen und am Beispiel Marokkos genauer untersucht. Ein Vergleich mit den Ergebnissen der Ursachenanalyse wird deutlich machen, ob die EU bislang die Ursachen marokkanischer Migration ausreichend berücksichtigt.

Zunächst ist die Frage zu beantworten, wo die Ursachen marokkanischer Emigration zu suchen sind. Unter Rückgriff auf aktuelle Migrationstheorien werden diejenigen Ursachen analysiert, die für die marokkanische Auswanderung eine migrationsauslösende Wirkung haben. Entsprechend eines auf den Theorien basierenden Analyserasters werden unter Gliederungspunkt 2 die ökonomischen und historischen Rahmenbedingungen sowie unter Gliederungspunkt 3 der gesellschaftliche Kontext für die Ursachenanalyse näher beleuchtet.

Daran anschließend widmet sich Gliederungspunkt 5 zunächst der Frage, in welcher Form Migrationsursachen bislang in der EU-Politik berücksichtigt werden. Eine Darstellung der migrationspolitischen Instrumente der EU ermöglicht eine erste Differenzierung. Aufgegriffen werden diejenigen Entwicklungen, die zu einer Berücksichtigung von Migrationsursachen in der EU-Politik geführt haben und unter Gliederungspunkt 5.1 näher untersucht. Herausgearbeitet wird dabei auch, welche Rolle die Berücksichtigung von Migrationsursachen im Europäischen Integrationsprozess spielt. Aufbauend auf diese Analyseergebnisse wird in Gliederungspunkt 5.2 betrachtet, in welcher Form die Migrationspolitik der EU bislang auf die Ursachen marokkanischer Europamigration reagiert. Ziel ist es, konkrete Maßnahmen, die zur Ursachenbekämpfung marokkanischer Migration bereits initiiert worden sind, herauszuarbeiten.

Abschließend werden die Ergebnisse zusammengeführt. Diskutiert wird, inwiefern die Migrationspolitik der EU Methoden und Instrumente entwickelt hat, um auf die im ersten Teil der Arbeit analysierten Ursachen marokkanischer Migration zur reagieren. Die Diskussion unter Gliederungspunkt 6 soll aber nicht nur mögliche Defizite der EU-Politik aufzeigen, sondern auch Überlegungen für eine verbesserte präventive Strategie gegenüber marokkanischer Migration ansprechen.

Die Untersuchung der Reaktionen europäischer Migrationspolitik auf Migrationsursachen konzentriert sich auf eine Auswertung von EU-Dokumenten des Europäischen Rates, des Ministerrates und der Europäischen Kommission.

Zur Analyse herangezogen wird aber auch die wissenschaftliche Literatur. Berücksichtigt werden diejenigen Autoren, die sich mit der Ursachenbekämpfung als Instrument europäischer Migrationspolitik bereits näher befasst haben. Zu nennen sind in diesem Zusammenhang die Arbeiten von Christina Boswell, Johannes van der Klaauw, Feruccio Pastore und Joanne van Selm.[10] Keiner der Autoren berücksichtigte jedoch näher das Fallbeispiel Marokko.

10 Boswell, Christina: European Migration Policies in Flux, Oxford 2003; Klaauw, Johannes van

Für ein besseres Verständnis sollte es in diesem Zusammenhang auch nicht versäumt werden, auf den europäischen Integrationsprozess einzugehen und nachzuzeichnen, welche Bedeutung hier eine präventive Strategie gegenüber Migration einnimmt. Dabei wird auf die Arbeiten von Veronica Tomei und Wilhelm Knelangen zurückgegriffen, die bereits die neofunktionalistische Theorie nach Ernst B. Haas und den intergouvernementalistischen Institutionalismus nach Andreas Moravcsik zur Erklärung des europäischen Integrationsprozesses in den Politikbereichen Justiz und Inneres bzw. Migration herangezogen haben.

Die migrationstheoretische Literatur erweist sich als sehr umfangreich. Die aktuellen Migrationstheorien konzentrieren sich vor allem auf den sozialen Kontext im Herkunftsland, in dem die Entscheidung zur Migration zustande kommt. Für die Ursachenanalyse werden deshalb die drei Migrationstheorien herangezogen, die sich damit auseinandersetzen, unter welchen Einflüssen Migrationsentscheidungen in der marokkanischen Gesellschaft getroffen werden. Es handelt sich dabei um die von Oded Stark und David Bloom entwickelte Theorie der *New Economics on Labour Migration*[11], die *Social Capital Theory* und die Theorie der *Cumulative Causation* von Douglas Massey.[12] Gleichzeitig betont der aktuelle migrationstheoretische Diskurs jedoch auch, dass es nicht ausreicht, nur den Entscheidungsprozess zur Migration zu durchleuchten, sondern dass auch der größere wirtschaftliche und politische Rahmen berücksichtigt werden muss. Herangezogen wird deshalb auch der Ansatz der Migrationssysteme von Mary Kritz und Hania Zlotnik, der sich mit den migrationsauslösenden Interaktionen zwischen Staaten beschäftigt.[13]

der: Building Partnerships With Countries of Origin and Transit, in: Marinho, Clotilde: Asylum, Immigration and Schengen Post-Amsterdam: A First Assessment. Maastricht 2001, S. 21-46; Pastore, Ferruccio: Aenea's Route: Euro-Mediterranean Relations and International Migration, in: Lavenex, Sandra/Emek Ucarer (Hg.): Migration and the Externalities of European Integration, Maryland 2002, S. 105-124; Selm, Joanne van: Immigration and Asylum or Foreign Policy: The EU's Approach to Migrants and Their Countries of Origin, in: Lavenex, Sandra/Emek Ucarer (Hg.): Migration and the Externalities of European Integration, Maryland 2002, S. 143-160.

11 Vgl. Stark, Oded/David, Bloom: The New Economics of Labor Migration, in: American Economic Review, Nr. 75/1985, S. 173-178.

12 Vgl. Massey, Douglas: Social structure, household strategies, and the cumulative causation of migration, in: Population Index, Nr. 56/1990, S. 3-26. Die Idee der Cumulative Causation wurde urprünglich von Gunnar Myrdal 1957 entwickelt, von Massey jedoch aufgegriffen und weiterentwickelt; vgl. dazu: Myrdal, Gunnar: Rich Lands and Poor. New York 1957.

13 Kritz, Mary/Hania Zlotnik: Global Interactions: Migration Systems, Processes, and Policies, in: Dies./Lin Lean Lim(Hg.): International Migration Systems. A Global Approach, Oxford 1992. S. 1-18.

In der aktuellen migrationstheoretischen Diskussion können Douglas Massey und Thomas Faist als wegweisend betrachtet werden, da sie mit ihrer Forschung einen wesentlichen Beitrag zum aktuellen Diskurs liefern.[14]

Bei der Analyse marokkanischer Emigration wird auf empirische Untersuchungen mit zum Teil quantitativen Erhebungen zurückgegriffen. Die meisten Untersuchungen konzentrieren sich dabei auf den Nordosten Marokkos, eine der Hauptauswanderungsregionen. Zu erwähnen ist die umfassende Studie von Rob van der Erf und Liesbeth Heering, die in fünf Provinzen Marokkos 1 953 Haushalte und in Spanien 596 Haushalte marokkanischer Immigranten befragten und die Ergebnisse quantitativ auswerteten.[15] Herangezogen werden jedoch auch Beiträge von Autoren, die mit qualitativen Erhebungen arbeiteten.[16] Dies betrifft vor allem die Untersuchungen zur Entstehung einer Migrationskultur in Marokko.

14 Massey, Douglas u.a.: Worlds in Motion. Understanding International Migration at the End of the Millennium, Oxford 1998; Faist, Thomas: Volume and Dynamics of International Migration and Transnational Social Spaces, Oxford 2000.

15 Erf, Rob van der/Liesbeth Heering: Moroccan Migration Dynamics: Prospects for he Future. Den Haag 2002. S. 49, online im Internet: URL:http://www.iom.int/iomwebsite/Publication/ServletSearchPublication?event=detail&id=1673 [Stand: 9.7.2005].

16 So zum Beispiel Bennani-Chraibi, Mounia: Soumis et rebelles: les jeune au Maroc, Paris 1994; Chattou, Zoubir: Migrations marocaines en Europa. Le paradoxe des itinéraires, Paris 1998 und Cohen, Shana: Searching for a Different Future. The Rise of a Global Middle Class in Morocco, Durham/London 2004.

B Ursachenanalyse marokkanischer Migration und Reaktionen der Migrationspolitik der EU

1. Aktuelle Migrationstheorien und ihre Anwendung auf die Ursachenanalyse marokkanischer Emigration

Der aktuelle migrationstheoretische Diskurs stellt den Entscheidungsprozess eines potenziellen Migranten[17] zur Emigration ins Zentrum seiner Untersuchung. Dabei spielt der spezifische soziale und ökonomische Kontext, in dem sich die Entscheidung zur Migration vollzieht, eine wesentliche Rolle. Sowohl die ökonomischen Bedingungen als auch die den potenziellen Migranten umgebende Gemeinschaft beeinflussen die individuelle Motivation zur Migration.[18] Die jüngeren Migrationstheorien der letzten 25 Jahre wollen mit diesem Untersuchungszuschnitt und der bewussten Miteinbeziehung der gesellschaftlichen Dimension von Migration eine kritische Antwort auf die Migrationstheorie der Neoklassischen Ökonomie geben. Die Neoklassische Ökonomie betrachtete den Migranten als rationalen Akteur, der durch Auswanderung seinen Gewinn steigern will. Je größer die wirtschaftlichen Disparitäten zwischen zwei Ökonomien sind, gemessen am Lohnunterschied, desto größer wird auch das Migrationsvolumen in Richtung der Ökonomie mit dem höheren Lohnniveau sein. Die Neoklassische Ökonomie bezieht sich alleine auf die wirtschaftlichen Rahmenbedingungen. Als nutzenmaximierendes und rationales Individuum wird die Entscheidung zur Migration ausschließlich auf Grund der wirtschaftlichen Disparitäten zwischen Heimat- und Zielland getroffen.[19]

In der neueren migrationstheoretischen Diskussion wird jedoch kritisiert, dass die Migrationstheorie der Neoklassischen Ökonomie keine Antwort darauf geben kann, warum angesichts des großen Wohlstandsgefälles auf der Welt nur 2% der weltweiten Bevölkerung in ein anderes Land emigrieren. Dies widerspricht der Annahme, dass etwa die Hälfte der Weltbevölkerung potenzielle internationale Migranten sein könnten. Denn diese zählen nicht zu den höheren Einkommensklassen, würden aber über die notwendigen Ressourcen verfügen – sie können also nicht als „arm“ im absoluten Sinne bezeichnet werden –, um in die Regionen zu emigrieren, in denen der Wohlstand höher ist als in ihrer eigenen Heimat. Nach der Neoklassischen Öko-

17 Ein potenzieller Migrant ist ein Migrant, der die Absicht äußert in absehbarer Zeit auswandern zu wollen, sich jedoch noch in seinem Heimatland befindet.

18 Vgl. Massey: Worlds in Motion. S. 1-16.

19 Vgl. ebd. und Arango, Joaquín: Explaining migration: a critical view, in: International Social Science Journal, Nr. 165/2000, S. 283-295.

nomie würden all jene Menschen, die sich dieser Wohlstandsdisparität bewusst sind, auch emigrieren.[20]

Massey geht davon aus, dass Migration nicht nur gewinnbringend sein kann, sondern dass der Schritt zur Migration auch psychologische und finanzielle Kosten mit sich bringt, deren Folgen für den Einzelnen oftmals nicht abschätzbar sind. Migration ist folglich nicht nur eine Chance, sondern birgt auch Risiken. Zudem kann, wie die spezifischen Migrationsbewegungen weltweit zeigen, davon ausgegangen werden, dass der Wunsch nach einem angenehmen und erträglichen Leben in der Heimat, die Reize eines sehr viel gewinnbringenderen Lebens in der Fremde übersteigen. Als Beispiel führt hier Massey die Migration von Spanien nach Deutschland an, die versiegte, als sich der Lebensstandard in Spanien erhöht hatte, auch wenn er sich noch nicht dem deutschen angeglichen hatte. Risikoaversion und Heimatverbundenheit können also durchaus Faktoren sein, die trotz einer wirtschaftlichen Disparität zwischen Ländern den Einzelnen nicht zur Auswanderung bewegen können bzw. ihn nach einer gewissen Zeit wieder zurückkehren lassen.[21]

Nach Ansicht von Faist und Massey ist das Wirtschaftsgefälle zwischen Staaten notwendig, um Migration zu erklären. Es kann aber im besten Falle eine notwendige, jedoch nicht ausreichende Bedingung für Migration sein.[22] Der Schwerpunkt der neueren Untersuchungen liegt daher auf Dichte, Stärke und Inhalt der sozialen Beziehungen des potenziellen Migranten und seiner Interaktion mit der ihn umgebenden Gesellschaft. Die Entscheidung eines potenziellen Migranten zur Emigration ist letztendlich abhängig von den finanziellen Mitteln, Informationen und Beziehungen, die notwendig sind, um zu emigrieren.[23] Die meisten Migrationstheorien machen folglich den Einfluss der Gesellschaft auf die Entscheidung zur Migration zu ihrem Untersuchungsgegenstand. Bei den Theorien, die diesen Untersuchungszuschnitt gewählt haben, handelt es sich um die Theorie der *New Economics of Labour Migration,* um die *Social Capital Theory* und die Theorie der *Cumulative Causation.* Diese drei Theorien werden auch zur Ursachenanalyse marokkanischer Emigration herangezogen.

Die von Stark und Bloom entwickelte Theorie der *New Economics of Labour Migration* betrachtet Migration als eine Familienstrategie. Damit die gesamte Familie zu mehr Sicherheit und Wohlstand gelangt, emigriert ein Familienmitglied ins Ausland und unterstützt die Familie mit Geldüberweisungen. Die Geldüberweisungen können die Sicherheit der Familie erhöhen, da sie beispielsweise Ernteausfälle infolge von Dürreperioden ausgleichen können. Ebenso kann das Geld aus dem Ausland als eine Art Arbeitslosen- oder Rentenversicherung als Ersatz für staatliche

20 Vgl. Faist, Thomas: Volume and Dynamics of International Migration. S. 1-8.

21 Vgl. Massey: Worlds in Motion. S. 8-12.

22 Vgl. ebd. S. 10; Faist: The Crucial-Meso-Level, in: Hammar, Thomas u.a.: International Migration, Immobility and Development. Multidisciplinary Perspectives, Oxford 1997, S.187-218, hier: S. 195.

23 Vgl. Faist, Thomas: The Crucial-Meso-Level.

Sozialsicherungssysteme eingesetzt werden. Die Geldüberweisungen des Familienmitglieds bringen Wohlstand, wenn es dadurch zu Investitionen in der Heimat kommt, mit denen die Familie ihren Lebensstandard verbessern kann. Mittels der Geldüberweisungen aus dem Ausland wird die Familie im Vergleich zu anderen Familien der Gemeinschaft besser gestellt. Dieser relative Wohlstandsgewinn wird von den anderen Familien wahrgenommen und regt diese infolge ebenfalls zur Emigration an. Es geht nicht um Wohlstandssteigerung im absoluten Sinn, sondern nur im Vergleich zur Referenzgruppe der Migranten-Haushalte.[24]

Die *Social Capital Theory*[25] betrachtet den Einfluss sozialer Netzwerke zwischen Herkunfts- und Zielland auf potenzielle Migranten. Ein Netzwerk kann als ein interpersonales Beziehungsgeflecht definiert werden, das Migranten, ehemalige Migranten und Nicht-Migranten in Ursprungs- und Zielland durch Verwandtschaft, Bekanntschaft und gleichen Gemeinschaftsursprung verbindet. Solche Netzwerke erhöhen die Wahrscheinlichkeit internationaler Migration, da ein Migrant, der Teil eines solchen Netzwerks ist, Sozialkapital erhält, das er für die Ziele seiner Migration gewinnbringend einsetzen kann und mit dem er die Risiken der Reise reduzieren kann. Netzwerke können die Einreise in das Zielland erleichtern, da sie über die notwendigen Informationen verfügen. Angekommen im Zielland kann das Netzwerk den Migranten mit Arbeit und Hilfestellungen anderer Art versorgen. Die Bedeutung sozialer Netzwerke für Wanderungsbewegungen wurde bereits in den 1920er Jahren von Wissenschaftlern erkannt.[26] Massey arbeitete heraus, dass jede Migration, die sich innerhalb solch eines sozialen Netzwerks vollzieht, dieses Netzwerk vergrößert und damit für die nachfolgenden Migranten, die für ihre Migration auf das Netzwerk zurückgreifen, die Kosten weiter senkt.[27]

Sowohl die *New Economics of Labour Migration* als auch die *Social Capital Theory* beschreiben die gesellschaftlichen Prozesse, die zu einer Verselbständigung der Migration führen. Migration wird ein sich quasi selbstnährender Prozess, zum einen durch den Wohlstandsgewinn von Migrantenfamilien, der auch andere Familien zur Abwanderung bewegt, zum anderen durch die Ausweitung sozialer Netzwerke, die immer mehr Menschen miteinbinden. Douglas Massey greift dies auf und kommt in seiner Theorie der *Cumulative Causation*[28] zu dem Ergebnis, dass jede Migration innerhalb einer Gemeinschaft den sozialen Kontext verändert, in dem darauf folgende Migrationsentscheidungen getroffen werden:

24 Vgl. Stark/Bloom: The New Economics of Labor Migration. S. 173-178.

25 Vgl. u. a. Taylor, Edward: Differential Migration, Networks, Information and Risk, in: Stark, Oded (Hg.): Research in Human Capital and Development. A Research Annual, London 1984, S. 147-172.

26 Vgl. Thomas, William/Florian Znaniecki: The Polish Peasant in Europe and America. New York 1958. Die Untersuchung der Autoren fand aber bereits zwischen 1918 und 1920 statt.

27 Vgl. Massey: Worlds in Motion. S. 42-45

28 Vgl. ebd.: S. 45-50.

„Causation is cumulative in the sense that each act of migration alters the social context within which subsequent migrations decisions are made, typically in ways that make additional movement more likely.“[29]

Migration begünstigt also neue Migration und verändert über Zeit die Einstellungen zur Migration. Sie hat Einfluss auf das Wertesystem und die Wahrnehmungen der Gemeinschaft und entwickelt sich zu einem festen Wert. Es entsteht eine Migrationskultur.[30] Die Verselbständigung des Migrationsprozesses und die damit eng verbundene Entstehung einer Migrationskultur können bis zum Beginn erster Auswanderungsbewegungen zurückverfolgt werden. Migration muss deshalb auch im historischen Kontext betrachtet werden.

Die aktuelle Diskussion betont, dass es nicht ausreicht nur das soziale Umfeld zu betrachten, in dem Migrationsentscheidungen zustandekommen, sondern dass es auch notwendig ist, den größeren Rahmen zu berücksichtigen, der das politische und ökonomische Umfeld für die Migration schafft.[31] Auf dieser Makro-Ebene müssen sowohl globale Wirtschaftsprozesse als auch die historischen, politischen und wirtschaftlichen Beziehungen zwischen Staaten berücksichtigt werden. Mary Kritz und Hania Zlotnik stellen in ihrem *Ansatz der Migrationssysteme* die zwischen Staaten stattfindenden Interaktionen ins Zentrum der Untersuchung.[32] Im Gegensatz zu den bisher vorgestellten Migrationstheorien ist der Untersuchungszuschnitt ein etwas anderer: Betrachtet werden nicht das Individuum und die ihn umgebende Gesellschaft, sondern die migrationsauslösenden Momente, die als Folge staatlichen Verhaltens entstehen. Kritz und Zltonik gehen davon aus, dass internationale Migration nicht ziellos stattfindet, sondern vornehmlich zwischen Staaten, die enge historische, kulturelle oder wirtschaftliche Verbindungen miteinander haben. Insbesondere koloniale und postkoloniale Verbindungen können ein Migrationssystem entstehen lassen. Zwischen Kolonialmächten und ihren Kolonien entstanden in der Vergangenheit kulturelle, sprachliche und administrative Verbindungen. Transport und Kommunikation zwischen den Ländern wurden ausgebaut, in den Kolonien wurden Investitionen getätigt. Auf diese Weise entwickelte sich zwischen Kolonialmacht und Kolonie ein eigener transnationaler Markt. Begleiterscheinung und Teil dieser Verbindungen waren Wanderungsbewegungen zwischen Kolonialmacht und Kolonie und umgekehrt. In diesem historisch gewachsenen Migrationssystem finden Migrationsbewegungen statt, die unter den Einflüssen der spezifischen ökonomischen, sozialen und politischen Situation in den Staaten stehen.

Für die Ursachenanalyse marokkanischer Emigration wurden die *World Systems Theory* und die *Segmented Labour Market Theory* auf Grund ihres Untersuchungszuschnitts ausgeschlossen. Diese Theorien untersuchen das Aufkommen von Migrationsbewegungen als Folge der globalen Wirtschaftsentwicklungen. Der Zuschnitt der Theorien ist sehr allgemein und deshalb auf den konkreten Fall marokkanischer

29 Massey: Worlds in Motion. S. 45 f.

30 Vgl. ebd. S. 47 f.

31 Vgl. ebd. S. 15 und Faist: The Crucial Meso-Level. S. 187 f..

32 Vgl. Kritz/Zlotnik: Global Interactions. S. 1-18.

Europamigration schwer anzuwenden. Auch Massey betont, dass trotz der Notwendigkeit die verschiedenen Untersuchungsebenen der Migrationstheorien bei empirischen Untersuchungen zu berücksichtigen angesichts der Fülle verschiedener Migrationstheorien differenziert werden muss:

> „Rather than adopting the narrow argument of theoretical exclusivity, we adopt the broader position that causal processes relevant to international migration might operate on multiple levels simultaneously, and that sorting out which of the explanations are useful is an empirical and not only a logical task."[33]

Nichts desto weniger sollte allerdings für die vorzunehmende Ursachenanalyse in Erinnerung behalten werden, dass Wanderungsbewegungen zwischen Marokko und der EU in Zeiten der Globalisierung auch unter den Einflüssen einer liberalen Wirtschaftspolitik steht, die ihre spezifischen Auswirkungen auf Entwicklungs- und Industrieländer hat.

Ein Überblick über die Theorien zeigt, dass die Ursachen für Migration im gesellschaftlichen, wirtschaftlichen und historischen Kontext zu suchen sind. Im Zentrum der Untersuchung steht dabei der Prozess der Migration. Ausgehend von den Theorien der *Cumulative Causation,* der *New Economics on Labour Migration* und des *Social Capital* finden über Zeit Interaktionen in der Gemeinschaft statt, die die Entscheidung zur Migration fördern und begünstigen. Familie und Migrationsnetzwerke beeinflussen entsprechend der Theorie der *New Economics of Labour Migration* und der *Social Capital Theory* die Entscheidung des Einzelnen zur Migration. Beide Theorien erklären, wie sich daraus eine Eigendynamik des Migrationsprozesses entwickelt. Diese Eigendynamik sichert einen über Jahre fortlaufenden Migrationsprozess und führt zur Entstehung einer regionalen Migrationskultur. Die Migrationskultur ist nicht nur Ausdruck eines verselbständigten Migrationsprozesses, sondern trägt auch dazu bei, dass diese Eigendynamik erhalten bleibt, indem sie Migration zu einem erstrebenswerten Gesellschaftsziel macht.

Die in der Vergangenheit zu suchende Entstehung eines Migrationssystems zwischen Herkunfts- und Zielland bildet den Rahmen für den sich darin entwickelnden Migrationsprozess. Teil dieses über Zeit gewachsenen Migrationssystems sind auch die ökonomischen Rahmenbedingungen. Die soziale und wirtschaftliche Situation der Emigranten in ihrer Heimat und die ökonomische Disparität zwischen Herkunfts- und Zielland beeinflussen die Gesellschaft und die Haltung des Einzelnen zur Migration. Das ist – wie bereits erwähnt – Konsens in der aktuellen migrationstheoretischen Diskussion, aber ebenso auch Resultat empirischer Untersuchungen. Die Bedeutung der ökonomischen Situation eines potenziellen Migranten für seine Absicht zur Emigration haben Rob van der Erf und Liesbeth Heering in ihrer Studie nachgewiesen.[34] Die wirtschaftlichen und sozialen Bedingungen eines Emig-

33 Massey: Worlds in Motion. S. 50.

34 Vgl. Erf/Heering: Moroccan Migration Dynamics. S. 49.

rationslandes dürfen daher nicht unberücksichtigt bleiben. Abbildung 1 stellt die Aussagen der aktuellen Migrationstheorien graphisch dar.

Abbildung 1: Graphischer Überblick über Kernsaussagen der aktuellen Migrationstheorien

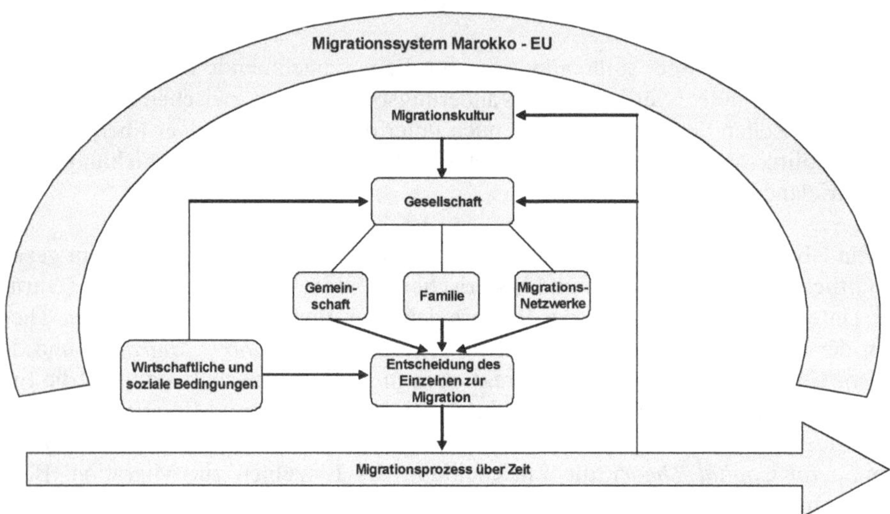

Eigene Darstellung

Aus diesem Modell lässt sich ein Untersuchungsraster ableiten, anhand dessen eine Ursachenanalyse marokkanischer Emigration vorgenommen wird. In einem *ersten Schritt* werden die wirtschaftlichen und historischen Rahmenbedingungen untersucht. Um eine Aussage über die wirtschaftlichen Bedingungen treffen zu können, wird die aktuelle wirtschaftliche Situation in Marokko dargestellt und auf spezifische Probleme und Charakteristika hingewiesen werden, die eine migrationsstimulierende Wirkung haben. Ebenso soll die Entstehung eines Migrationssystems anhand der Verbindungen europäischer Staaten zu Marokko herausgearbeitet werden. Die Untersuchung setzt deshalb bei der Kolonialisierung Marokkos durch Frankreich und Spanien an und beschäftigt sich im weiteren Verlauf mit der von den europäischen Staaten forcierten Arbeitsmigration in den 1960er Jahren. In einem *zweiten Schritt* konzentriert sich die Ursachenanalyse auf den sozialen Kontext, in dem sich Migration von Marokko nach Europa vollzieht. Die Untersuchungsschwerpunkte liegen hier auf der Bedeutung der Familie, dem Einfluss sozialer Netzwerke und der Herausbildung einer Migrationskultur. Insbesondere die Untersuchungen zur Migrationskultur sollen vertieft werden, da sich aus dem aktuellen Literaturstand abzeichnet, dass die Migrationskultur in jüngster Zeit einen Wandel erfahren hat.

2. Ursachenanalyse marokkanischer Emigration: Wirtschaftliche und historische Rahmenbedingungen

Mit einer Analyse der wirtschaftlichen und historischen Rahmenbedingungen werden zwei Aspekte der migrationstheoretischen Diskussion aufgegriffen. Zum einen soll eine Analyse der sozioökonomischen Situation in Marokko der Feststellung der Migrationstheoretiker Rechnung tragen, dass die schwache wirtschaftliche Situation eines Landes und die damit verbundene Wohlstandsdisparität zwischen Herkunfts- und Zielland eine maßgebliche Voraussetzung für Auswanderung ist. Zum anderen verfolgt die Untersuchung der historischen Verbindungen Marokkos mit Staaten der Europäischen Union das Ziel, die Existenz eines Migrationssystems zwischen Marokko und der EU aufzuzeigen. Unter anderem soll hier deutlich gemacht werden, dass die Entstehung eines Migrationssystems zwischen Marokko und Europa stark durch das Verhalten der Zielländer in der Vergangenheit geprägt worden ist.

2.1 Migration und wirtschaftliche Rahmenbedingungen in Marokko

Zunächst wird auf die sozioökonomische Situation in Marokko eingegangen. In diesem Zusammenhang wird auch das politische System Marokkos beleuchtet und auf die Bedeutung politisch motivierter Auswanderung im Vergleich zu wirtschaftlich motivierter Auswanderung eingegangen. Es werden wichtige wirtschaftspolitische Entscheidungen der Staatsmacht und wesentliche Entwicklungen vergangener Jahre berücksichtigt.

Daran anschließend liegt der Fokus auf den Merkmalen starker Auswanderungsregionen in Marokko. Hierbei wird die Problematik des Wohlstandsgefälles zwischen Stadt und Land angesprochen. Unter Rückgriff auf die Umfrageergebnisse von Erf und Heering wird die Bedeutung des Faktors „Wirtschaft“ für die Auswanderung vor Augen geführt.

2.1.1 Wirtschaftliche und soziale Situation in Marokko

1956 wurde Marokko von den Protektoratsmächten Frankreich und Spanien in die Unabhängigkeit entlassen. Als Bedingung für die Aufgabe ihres Protektoratsgebietes forderte Frankreich vom damaligen Sultan die Einrichtung einer konstitutionellen Monarchie. Auch heute noch ist Marokko eine Monarchie mit einem Mehrparteiensystem. Auf Grund der Machtkonzentration auf die Figur des Königs kann jedoch nicht von einer konstitutionellen Monarchie gesprochen werden. Vielmehr handelt es sich um ein duales Herrschaftssystem mit einem traditionellen Herrschaftssektor, der dem modernen Sektor übergeordnet ist.[35] An der Spitze des traditionellen Herrschaftssektors steht der König, ihm sind Premierminister, Regierung und Parlament untergeordnet. Umgeben wird der König auch heute noch vom Makhzen. Hierbei handelt es sich um wichtige und einflussreiche Familien, denen es in der Vergangenheit gelungen ist, einen festen Platz im Hofstaat des Königs einzunehmen. Die herausragende Rolle des Monarchen schränkt die Gewaltenteilung und Rechtsstaatlichkeit ein.[36] König Hassan II führte seit seinem Amtsantritt 1961 einen strengen und autoritären Kurs und ließ eine relative Öffnung seines Herrschaftssystems erst zu Beginn der 1990er Jahre zu.[37] Unter seinem Sohn Mohammed VI., der seit 1999 regiert, kam es zu einer weitgehenden politischen und wirtschaftlichen Liberalisierung, auch wenn das dualistische Herrschaftssystem nach wie vor existiert und die Tabuthemen der Monarchie weiter bestehen. König, Religion und territoriale Integrität dürfen in der Öffentlichkeit nicht kritisiert werden. Die Missachtung dieser Tabuthemen hat unter Hassan II. zur Inhaftierung zahlreicher politischer Gefangener geführt. Seit Mitte der 1990er Jahre und besonders unter Mohammed wurden berüchtigte Gefängnisse geschlossen und politische Gefangene freigelassen. Aber auch heute noch befinden sich Regime-Kritiker im Exil.[38] Trotz einer Liberalisierung der Presse kam es auch in den letzten fünf Jahren unter Mohammed VI. zur Inhaftierung von Journalisten. Ebenso wurde nach den terroristischen Anschlägen im Mai 2003 in Casablanca die Existenz einer Haftanstalt für mutmaßliche militante Islamisten in einem Außenbezirk von Rabat bekannt, in der auch gefoltert werden soll.[39] Nach Einschätzung des Bertelsmann Transformation Index 2003 zeigt sich jedoch die Mehrheit der Marokkaner dem König gegenüber loyal und stellt das dualistische Herrschaftssystem grundsätzlich nicht in Frage. Demokratische Werte und Ideen prägen nur die Zielvorstellung einer relativ kleinen liberalen Elite. Für politisch motivierte Emigration gibt es zwar durchaus Anlass, es kann aber davon ausgegangen werden, dass sie nur von einigen Wenigen mit dieser Absicht wahrgenommen

35 Vgl. dazu u.a. Hegasy, Sonja: Staat, Öffentlichkeit und Zivilgesellschaft in Marokko. Die Potenziale der sozio-kulturellen Opposition, Hamburg, Berlin 1997. S. 59-65.

36 Zur Monarchie in Marokko vgl. Bertelsmann Transformation Index 2003 und 2006, online im Internet: URL: http://www.bertelsmann-transformation-index.de/146.0.html [Stand: 20.08. 2006] und Freedom House: Country Report Morocco 2003, online im Internet: URL: http://www.freedomhouse.org/research/freeworld/2003/countryratings/morocco.htm [Stand: 8.7.2005].

37 Zur Regierung Hassan II vgl. Faath, Sigrid: Marokko. Die innen- und außenpolitische Entwicklung seit der Unabhängigkeit, Bd. 1: Kommentar, Hamburg 1987. S. 95-171.

38 So wurde beispielsweise Ende Juni 2005 auf Grund ihrer Monarchiekritik ein Prozess gegen die Islamisten-Sprecherin Nadia Yassine eröffnet; der Cousin Mohammeds, Moulay Hicham, befindet sich wegen seiner kritischen Äußerungen bereits im Exil. Vgl. dazu Chimelli, Rudolph: „Reif für die Mülltonne", in: Süddeutsche Zeitung vom 2./3. Juli 2005, Nr. 150, S. 9.

39 Vgl. Bertelsmann Transformationsindex 2006: S. 6 f.

wird und es sich nicht um eine über die gesamte Gesellschaft erstreckende Bewegung handelt.[40]

Kritisch reagiert die Bevölkerung auf die Wirtschafts- und Sozialpolitik ihres Landes. In Marokko macht sich zunehmende Enttäuschung über König und Regierung breit, da der Staat bislang keine Lösungen für die sich verschlechternde soziale und wirtschaftliche Lage in Marokko geboten hat.[41]

Marokko ist stark vom Agrarsektor abhängig und verfügt über schlecht ausgebaute Sozialsicherungssysteme. Nach einer Dürreperiode wurde Anfang der 1980er Jahre eine marktwirtschaftliche Transformation eingeleitet. Zwischen 1960 und 1980 hatte sich eine hohe Auslandsverschuldung entwickelt. Hinzu kam, dass der Rückgang des Phosphat-Preises, die Kriegsausgaben für die Westsahara[42], die Verteuerung des Energiepreises und die Einschränkung der Emigration nach Europa die wirtschaftliche Situation Marokkos weiter verschlechtert hatten. Die daraufhin eingeleiteten Subventionskürzungen auf Grundnahrungsmittel führten 1981 zu Protesten in der Bevölkerung. Diese sogenannten „Brotrevolten" in den Städten, hauptsächlich in Casablanca, wurden blutig niedergeschlagen. Auf Druck des Internationalen Währungsfonds und der Weltbank und als eine Bedingung für die von Marokko gewünschte Umschuldung der Auslandsschuld musste die marokkanische Regierung 1983 ein Reformstrukturprogramm einleiten. Die Ausgaben sollten gezügelt, das Steuersystem überarbeitet und das Bankwesen reformiert werden. Ebenso sollten die Importrestriktionen gelockert, die Zölle gesenkt und das ausländische Wechselkurssystem liberalisiert werden.[43] Der Bertelsmann Transformation Index kommt 2003 zu dem Ergebnis, dass durch die Reformanstrengungen seit 1983 und insbesondere seit Anfang der 1990er Jahre das Problem der Auslandsschuld, des Handelsbilanzdefizits und der galoppierenden Inflation unter Kontrolle gebracht werden konnten. Nach wie vor bestünde aber eine zu starke Abhängigkeit vom Agrarsektor und damit verbunden vom Niederschlag und den natürlichen Bedingungen.[44]

44% der Bevölkerung lebt von der Land- und Forstwirtschaft sowie von der Fischerei. Der größte Teil der landwirtschaftlichen Erzeugnisse wird für den Eigenbedarf produziert. Der Hektarertrag marokkanischer Landwirtschaft liegt im Vergleich zur modernen Landwirtschaft in Europa etwa 60% niedriger. Marokko ist Nettoexporteur von Obst und Gemüse.

Eine Industrieproduktion begann sich in Marokko erst in den Jahren nach der Unabhängigkeit zu entwickeln. Dies geschah vor allem in Ergänzung zur französischen Wirtschaft; auch heute noch nimmt Frankreich über 33% der marokkanischen Exporte ab. Marokko, das ursprünglich Rohstoffe und Agrarprodukte exportierte, entwickelte sich seit der Unabhängigkeit zu einem Exporteur für Textilien, Phosphat

40 Vgl. Bertelsmann Transformations Index 2003: S. 6 f.
41 Vgl. Bertelsmann Transformation Index 2003: S. 6, 18.
42 Näheres zum Westsahara-Konflikt in: Faath: Marokko. S. 362-369.
43 Vgl. Erf/Heering: Moroccan Migration Dynamics. S. 14.
44 Vgl. Bertelsmann Transformation Index 2003: S. 3.

und Dünger. Beim Phosphatexport ist Marokko weltweit führend; die Textilindustrie verzeichnete bis 1992 ein Wachstum, mittlerweile stagniert sie jedoch. Der Wertzugewinn marokkanischer Exporte fällt relativ schwach aus, hierin sieht Clément einen Nachteil für die marokkanische Wirtschaftsentwicklung.[45] Das jährliche Exportvolumen liegt bei etwa 7,1 Mrd. €, davon fallen ca. 33,6% auf Nahrungsmittel und Tabak, 22,1% auf Konsumgüter, 21,7% auf Phosphate und Düngemittel sowie 14,5% auf Fisch und Fischereiprodukte. Das jährliche Importvolumen von ca. 9,6 Mrd. € liegt höher als der Export.[46]

Zwischen 1980 und 2000 verzeichnete Marokko ein durchschnittliches Wirtschaftswachstum von 3%. In den letzten drei Jahren profitierte die marokkanische Wirtschaft von stärkeren und regelmäßigeren Regenfällen, so dass im Vergleich zu den Vorjahren das Wirtschaftswachstum etwas stärker ausfiel. Nach Einschätzung von Experten reicht diese Wachstumsrate jedoch nicht aus, um ein höheres Entwicklungsniveau zu erreichen. Hierfür wäre ein Durchschnittswachstum von mindestens 7% notwendig.[47] Ein Vergleich mit dem Wirtschaftswachstum von Spanien, das bis in die 1970er Jahre ebenfalls noch ein Emigrationsland war und zu den am schwächsten entwickelten Ökonomien in Europa zählte, führt die unterschiedliche Wirtschaftsentwicklung deutlich vor Augen. Während Spanien sein Bruttoinlandsprodukt (BIP) pro Kopf zwischen 1975 und 1998 von 3 010 $ auf 14 100 $ steigern konnte, gelang in Marokko im Zeitraum 1975 bis 1996 ein Wachstum des Pro-Kopf-BIP von 550 $ auf 1290 $. 2003 entsprach das Pro-Kopf-BIP in Marokko 5,6% des EU-BIP.[48]

Die strukturellen Probleme der marokkanischen Wirtschaft werden von einem starken demographischen Druck begleitet. Seit 1950 hat sich die Bevölkerung verdreifacht. Heute leben etwa 29,2 Mio. Menschen in Marokko. Nach Schätzungen der Vereinten Nationen (VN) wird die Bevölkerung bis 2025 noch auf 40 Millionen Menschen anwachsen. Dennoch ist auch in Marokko ein Geburtenrückgang festzustellen: Zwischen 1950 und 1990 hat sich das Bevölkerungswachstum von 3% auf 2% verringert und wird 2025 nur noch 1% betragen. Kennzeichen der marokkanischen Gesellschaft ist eine junge Alterstruktur. Der Anteil der unter 20jährigen lag 2000 bei 43%.[49] Diese Altersstruktur spiegelt sich auch auf dem Arbeitsmarkt wider. In den nächsten Jahren wird auf Grund der jungen Altersstruktur die Arbeitskraft weiterhin schneller wachsen als die Gesamtbevölkerung.

45 Vgl. Clément, Jean-Francois: Les effets sociaux du programme d'ajustement structurel marocain, in: Politique Etrangère, Nr. 4/1995, S. 1003-1013, hier: S. 1008.

46 Die Angaben beziehen sich auf den Stand von 2003.

47 Vgl. Clément: Les effets sociaux. S. 1010.

48 Vgl. Mitteilung der Europäischen Kommission an den Rat und das Europäische Parlament: Größeres Europa - Nachbarschaft: Ein neuer Rahmen für die Beziehungen der EU zu ihren östlichen und südlichen Nachbarn KOM(2003)104 endgültig, 11.3.2003, S. 20.

49 Vgl. Erf/Heering: Moroccan Migration Dynamics. S. 9 f.

Marokko hat mit der Jugendarbeitslosigkeit zu kämpfen. Besonders betroffen sind junge Hochschulabsolventen: Jeder vierte Akademiker ist arbeitslos. In den letzten 25 Jahren sind die Einschreibungen in Sekundarstufe und Universität schneller gestiegen als im gleichen Zeitraum von der Wirtschaft Arbeitsplätze geschaffen werden konnten. Beachtet werden sollte aber auch, dass der Anteil der Frauen auf dem marokkanischen Arbeitsmarkt von 1980 8% bis heute auf 30% gewachsen ist. Die Arbeitslosenquote liegt bei etwa 20%.[50] Die Armutsrate ist von 13,1% 1990 auf 19% 1999 gestiegen. Der Bertelsmann Transformation Index 2003 sieht die Gründe hierfür in den Restrukturierungsmaßnahmen des Reformprozesses und in den Trockenjahren 1999 bis 2001.[51]

Für König Mohammed VI. ist folglich die Wirtschaftsentwicklung ein zentrales Thema. Seine Wirtschaftspolitik konzentriert sich auf Privatisierung und Armutsbekämpfung. Die größte Privatisierungsaktion fand 2000/2001 mit der Teilprivatisierung der Maroc Telecom statt. Von allen Maghreb-Staaten ist Marokko am wenigsten staatswirtschaftlich ausgerichtet. Um die innenpolitische Stabilität nicht zu gefährden, erfolgen die Reformen dennoch langsam. Clément betont, dass der private Sektor bislang nicht in der Lage war, ausreichend Arbeitsplätze zu schaffen. Ebenso führt die zunehmende private Aktion, verbunden mit dem staatlichen Rückzug aus der Wirtschaft, zu einem starken Anwachsen der Schattenwirtschaft und umfasst mittlerweile ca. 40% der marokkanischen Produktion.[52]

Das bestehende Wohlfahrtssystem in Marokko ist defizitär. Nur etwa 15% der Arbeitnehmer sind sozialversichert. Da eine Sozialversicherungspflicht erst bei einer Beschäftigung von mehr als acht Monaten besteht, wird diese oft umgangen, indem die Arbeitsverträge nach acht Monaten ablaufen und wieder erneuert werden. Eine gesetzlich vorgeschriebene Krankenversicherung gibt es nicht. Bislang investiert die Regierung nur 2% ihres Bruttoinlandsprodukts in das marokkanische Gesundheitssystem. Problematisch ist die zunehmende Auflösung der traditionellen Familienstrukturen. Die Funktion der Familie als klassisches Auffangnetz für kranke, arbeitslose und alte Familienmitglieder geht somit verloren und müsste dringend durch einen staatlichen Auffangmechanismus ersetzt werden.[53]

Im Vergleich zum wirtschaftlichen Entwicklungsniveau der EU und den europäischen Sozialstandards können die sozialen und wirtschaftlichen Rahmenbedingungen in Marokko für die marokkanische Gesellschaft durchaus als schwierig bezeichnet werden. Auch wenn der marokkanische Staat bemüht ist, die makroökonomischen Bedingungen zu verbessern und Teile der Wirtschaft zu restrukturieren, hat sich die Situation für die Bevölkerung bislang noch nicht wesentlich verbessert. Erschwerend hinzukommen der in der marokkanischen Gesellschaft weit verbreitete

50 Vgl. Därr, Erika/Astrid Därr: Marokko – Vom Rif zum Anti-Atlas. Bielefeld 2004. S. 209 f.

51 Vgl. Bertelsmann Transformation Index 2003: S. 3.

52 Vgl. Clément: Les effets sociaux. S. 1009.

53 Vgl. Därr: Marokko. S. 209, Bertelsmann Transformations Index 2003: S. 9 sowie Bertelsmann Transformations Index 2006: S. 12.

Klientelismus und eine zum Teil korrupte öffentliche Verwaltung. Auch wenn sich König Mohammed stark für ein Vorgehen gegen die Korruption einsetzen wollte, so hat sich bislang noch nichts zum Positiven verändert. Transparency International attestiert stattdessen eine Korruptionsverschärfung seit 2000.[54]

Des Weiteren muss bezüglich der ökonomischen Situation der marokkanischen Bevölkerung eine geographische Differenzierung vorgenommen werden. In Marokko ist ein relativ stark ausgeprägter Zentrum-Peripherie-Gegensatz feststellbar.

2.1.2 Auswanderungsregionen in Marokko

Das atlantische Becken Marokkos, auch Meseta genannt, wird als der geistige und wirtschaftliche Mittelpunkt Marokkos angesehen. In der atlantischen Meseta befinden sich das Wirtschaftszentrum Casablanca und das politische Zentrum Rabat. Die Küstenmeseta ist sehr fruchtbar und zeichnet sich durch intensiven Regenfeldbau aus. Der Nordosten und der Südosten Marokkos sind ländliche Regionen. Von Nordosten nach Südwesten durchzieht das Atlas-Gebirge Marokko. Das Rifgebirge entlang der marokkanischen Mittelmeerküste ist der nördlichste Faltenstrang des Atlas-Gebirgssystems. Hoher Atlas und Anti-Atlas sind im Süden Marokkos durch die vorafrikanische Furche getrennt. Diese von Ost nach West verlaufende Längssenke besteht aus Souss-Ebene und Dadès-Tal. Marokko besteht aus 16 Regionen, denen jeweils ein vom König eingesetzter Gouverneur vorsteht. Innerhalb der Regionen gibt es Provinzen und selbständige Stadtpräfekturen.

Das Rifgebirge im Norden Marokkos ist verkehrsmäßig wenig erschlossen, dünn besiedelt und strukturschwach. Von dort aus und von der Souss-Ebene (Provinzen Agadir, Tiznit und Taoudannt) sowie aus vereinzelten präsaharischen Oasen des Dadès-Tals, wie beispielsweise der Todhra-Oase, fanden die ersten Emigrationsbewegungen nach Algerien und Frankreich statt. Diese Regionen liegen in den trockenen Teilen Marokkos mit weniger als 400mm Jahresniederschlag und bieten für die Landwirtschaft nur eine kärgliche und unzureichende Lebensgrundlage bieten.[55]

In der aktuellen Migrationsliteratur zu Marokko werden die Provinzen des Rifs – Nador und Al Hoceima – sowie die übrigen nördlichen Provinzen Tanger, Tetouan, Chechaouen, Larache und Oujda als die Hauptherkunftsregionen der Europamigration nach dem Zweiten Weltkrieg benannt. Die starken Auswanderungsbewegungen aus dem Norden Marokkos setzten erst mit der Arbeitsmigration in den 1960er Jah-

54 Vgl. Bertelsmann Transformation Index 2006: S. 7.

55 Vgl. Büchner, Hans-Joachim: Die temporäre Arbeitskräftewanderung nach Westeuropa als bestimmender Faktor für den gegenwärtigen Strukturwandel der Todhra-Oase (Südmarokko). Zum räumlich-sozialen Modernisierungsprozess in traditionellen ländlichen Gesellschaften Nordafrikas, Mainz 1986. S. 51-54.

ren ein. So lebten in der Provinz Nador bereits 1971 mehr als 50% der Männer im Ausland.[56] Auch heute noch hat über die Hälfte der Familienhaushalte in Nador ein Familienmitglied im Ausland. Abwanderungsbewegungen betreffen aber nach wie vor auch den Süden Marokkos: Ebenso in der Provinz Tiznit liegen die Migrantenhaushalte in der Überzahl. Festzustellen sind in den letzten Jahren auch Emigrationsbewegungen aus den modernen Großstädten Zentralmarokkos und aus dem Mittleren Atlas.

In ihrer Studie über Migration von Marokko nach Europa wählten Erf und Heering fünf Auswanderungsregionen in Marokko aus, in denen sie insgesamt 1 953 Haushalte befragten. Kriterien für die Auswahl der Auswanderungsregionen waren, neben einer signifikanten Abwanderung, die Migrationsgeschichte der Region sowie ihre wirtschaftliche Entwicklung. Ausgwählt wurden Nador, Tiznit, Larache, Settat und Khénifra. Die Provinzen Nador und Tiznit haben, wie bereits erwähnt, eine lange Migrationsgeschichte zu verzeichnen. In Nador wird insbesondere in die Niederlande und nach Deutschland ausgewandert, in Tiznit nach Frankreich und Spanien. In den anderen drei Regionen hat die Auswanderung erst später eingesetzt: Larache im Nordwesten Marokkos zeichnet sich durch illegale Migration nach Spanien und Großbritannien aus. Auswanderungsbewegungen aus Settat in Zentralmarokko konzentrieren sich auf Italien, aber auch auf Libyen und die Golfstaaten. Migranten aus der Provinz Khénifra ziehen Richtung Frankreich, Italien und Spanien. Larache, Nador und Settat werden von Erf und Heering als wirtschaftlich entwickelter betrachtet als Khénifra und Tiznit. Diese wirtschaftliche Trennung lässt sich aber bei genauerer Betrachtung nicht halten: Khénifra verfügt über eine geringere Arbeitslosenrate als Nador und ist die Region, in der am meisten Haushalte fließendes Wasser und Elektrizität haben. In Larache und Nador gibt es mehr Analphabeten als in Tiznit. Eine klare Unterscheidung zwischen den Provinzen hinsichtlich ihres Entwicklungsstandes lässt sich also nicht vornehmen, logischer und statistisch nachweisbar ist hingegen eine die Provinzen übergreifende Stadt-Land-Differenzierung. So sind die Geburtenraten auf dem Land höher als in der Stadt, die Arbeitslosigkeit ist auf dem Land normalerweise niedriger. Schulbesuch und die Fähigkeit Lesen und Schreiben zu können, fallen in der Stadt deutlich höher aus. Der Zugang zu fließendem Wasser und Elektrizität stellt auf dem Land eine Ausnahme dar, während es in der Stadt normalerweise zur Grundausstattung der Haushalte gehört.

Die Städte bieten demnach einen höheren ökonomischen Standard und einen besseren Zugang zur Bildung als die ländlichen Gegenden, sind dafür aber stärker mit der Arbeitslosigkeit konfrontiert. Die ökonomische Situation eines potenziellen Migranten lässt sich folglich besser analysieren, wenn man beachtet, ob er aus der Stadt oder vom Land kommt. Die Herkunftsregion ist dabei zweitrangig. Eine Un-

56 Vgl. u.a.: Reniers, Georges: On the History and Selectivity of Turkish and Moroccan Migration to Belgium, in: International Migration, Nr. 4/1999, S. 679-711.

terscheidung zwischen den Auswanderungsregionen vorzunehmen, macht nur Sinn, wenn man über die Zielländer der Migration oder über die spezifische Migrationsgeschichte Aussagen treffen möchte.[57]

Die von Erf und Heering vorgenommene Umfrage bestätigte die Differenzierungen hinsichtlich der Auswanderungsregionen:

Die Absicht zu migrieren ist auf dem Land stärker als in der Stadt ausgeprägt. In der Stadt möchten 23% der befragten Männer auswandern, auf dem Land hingegen 35% der befragten Männer. Bei den Frauen liegt die Auswanderungsintention beide Male, egal ob Stadt oder Land, bei 6%. Gleichzeitig zeigte sich aber eine stärkere Auswanderungsbereitschaft in den Provinzen mit einer längeren Migrationsgeschichte. In der Provinz Nador, in der zusammen mit Settat, über den längsten Zeitraum Migrationsbewegungen in Richtung Europa festzustellen sind, liegt die Absicht zu migrieren am höchsten und damit bei 23% der Befragten. Migration von Khénifra nach Europa begann erst vor einigen Jahren. Hier liegt die Intention zur Auswanderung bei den Befragten am Niedrigsten, nämlich bei 17%.

Abbildung 2: Beabsichtigte Migration in Marokko nach Geschlecht, Auswanderungsregion und Stadt/Land (in %)

	Provinz					**Stadt/Land**		**Gesamt**
	Khénifra	Larache	Nador	Settat	Tiznit	Stadt	Land	
Männer	21	32	34	29	22	23	35	27
Frauen	7	4	7	4	6	6	6	6
Gesamt	15	21	23	18	16	15	25	18
N	477	561	305	433	391	1 469	698	2 167

Darstellung nach Erf/Heering: Moroccan Migration Dynamics. S. 48

Bei der Frage nach den Gründen für die beabsichtigte Emigration gaben 36% der Frauen und 90% der Männer wirtschaftliche Gründe, wie Arbeitslosigkeit, zu niedriger Lohn oder Verbesserung des Lebensstandards, an. Während die ökonomische Situation für die Männer der wichtigste Grund zur Auswanderung darstellt, gaben 33% der Frauen auch an, dass sie aus Familiengründen auswandern möchten. Diese Differenzierung der Migrationsgründe bei den Frauen wird im weiteren Verlauf der Arbeit noch eingehend untersucht werden.

57 Vgl. Erf/Heering: Moroccan Migration Dynamics. S. 28-36.

Abbildung 3: Auswanderungsmotive von Marokkanern, die Migration beabsichtigen nach Geschlecht (in %)

	Nicht-Migranten			Migranten		
	Männer	Frauen	Gesamt	Männer	Frauen	Gesamt
Wirtschaftliche Gründe	90	36	80	82	-	82
Familiengründe	3	33	8	5	-	5
Studium	3	6	4	2	-	2
Andere Gründe	5	24	8	11	-	11
Gesamt	100	100	100	100	-	100
N	153	33	186	62	-	62

Darstellung nach Erf/Heering: Moroccan Migration Dynamics. S. 49

Zusammengefasst lässt sich festhalten, dass die Auswanderung aus ländlichen Gebieten Marokkos nach Europa am Längsten und am Intensivsten stattfindet. Entsprechend der unterschiedlichen sozioökonomischen Situation zwischen Stadt und Land ist die Bereitschaft zur Auswanderung auf dem Land höher. Gleichzeitig ist festzustellen, dass in den Provinzen, in denen eine Auswanderung in Richtung Europa seit Jahrzehnten stattfindet, mehr Marokkaner die Absicht zur Migration bekunden. Ebenso ist darauf hinzuweisen, dass die Zielländer der Migrationsbewegungen regional einheitlich ausfallen, unabhängig davon, wie lange in den entsprechenden Regionen bereits ausgewandert wird.

Die Umfragen von Erf und Heering machen deutlich, dass die Emigrationsabsicht zumindest bei den Männern sehr stark durch ökonomische Bedürfnisse geprägt ist. Gleichzeitig müssen die einen potenziellen Migranten umgebende Gemeinschaft sowie die Migrationsgeschichte seiner Heimatregion einen Einfluss auf seine Entscheidung zur Emigration haben. Denn nur so lässt sich erklären, warum in traditionellen Auswanderungsregionen die Auswanderungsabsicht stärker ist und warum die Zielländer der Migranten regional einheitlich ausfallen. Dieses vorläufige Ergebnis entspricht der Grundaussage der migrationstheoretischen Diskussion: Das Wohlstandsgefälle zwischen Staaten ist eine notwendige Voraussetzung, um Migration zu erklären; es kann sich dabei aber nicht um eine ausreichende und ausschließliche Erklärung für Wanderungsbewegungen handeln.[58]

58 Vgl. Gliederungspunkt 1 und Massey: Worlds in Motion. S. 10.

2.2 Das Migrationssystem Marokko – EU

Die Etablierung eines Migrationssystems zwischen Marokko und Europa lässt sich zurückverfolgen bis zur Kolonialisierung Marokkos durch Frankreich und Spanien. Insbesondere Frankreich hat schon vor dem Ersten Weltkrieg die Arbeitswanderung von Marokko nach Frankreich gefördert. Nach dem Zweiten Weltkrieg kam es dann aber auch zu einer aktiven Anwerbepolitik anderer europäischer Länder. Die Migrationsgeschichte Marokkos zeigt, wie erste Migrationsbewegungen entstanden sind, welche Rolle dabei die europäischen Staaten spielten und wie daraus ein Migrationssystem zwischen Marokko und Europa entstanden ist, das bis heute die marokkanische Gesellschaft prägt.

2.2.1 Die Kolonialisierung Marokkos

Ende des 19. Jahrhunderts entwickelten sich zwischen Europa und dem marokkanischen Sultan rege Handelsbeziehungen, was der religiösen Elite Marokkos jedoch missfiel. Durch Kreditaufnahmen des Sultans bei einem französischen Bankkonsortium kam es nicht nur zu einer wirtschaftlichen, sondern auch zu einer finanzpolitischen Abhängigkeit von Frankreich. So hatte der Sultan die Landung französischer Soldaten in Casablanca und Agadir 1907 sowie die Einreise französischer Staatsbürger zu dulden. Innenpolitisch geriet der Sultan daraufhin unter immer größeren Druck. Die religiöse Elite stellte sich gegen die Politik des Sultans und forderte den Kampf gegen das französische Eindringen. Angesichts der finanziellen, wirtschaftlichen und politischen Schwierigkeiten, mit denen der Sultan in Marokko zu kämpfen hatte, willigte der marokkanische Herrscher schließlich in die Unterzeichnung eines Protektoratsabkommens mit Frankreich ein. Mit dem Vertrag von Fes 1912 sicherte sich der Sultan die wirtschaftliche und militärische Hilfe der Franzosen. Im gleichen Zuge übernahm Frankreich jedoch formal die Verantwortung für die innenpolitischen Reformen, die nationale Verteidigung, die Außenpolitik Marokkos sowie für die wirtschafts- und finanzpolitischen Angelegenheiten des Landes. Die Nordzone, einschließlich der seit dem 15. Jahrhundert in spanischem Besitz befindlichen Enklaven Ceuta und Melilla, und das im Süden gelegene Ifni wurden Spanien zugesprochen. Dies hatte Spanien bereits in den Jahren zuvor in Verträgen mit Fankreich und Marokko regeln können.[59] Im Gegensatz zu Algerien, das in drei französische Départements aufgeteilt wurde, kann die Kolonialisierung Marokkos und Tunesiens durch Frankreich als etwas „sanfter“ bezeichnet werden, da es sich hier nur um Protektorate handelte. Das Sultanat wurde in Marokko daher nicht abgeschafft.

Am Beispiel von Bni Iznacen, einem Gebiet im Rifgebirge nahe der Grenze zu Algerien im Nordosten Marokkos mit einer Fläche von etwa 120 00 Hektar, sollen

59 Vgl. Faath: Marokko. S. 17-19.

die Auswirkungen der Kolonialisierung auf die marokkanische Bevölkerung und die damit verbundenen Wanderungsbewegungen näher erläutert werden. Dieses Gebiet eignet sich als Beispiel, da hier die Bevölkerung als eine der ersten unter französische Kolonialgewalt gestellt wurde und ebenso die ersten Wanderungsbewegungen von dort aus stattfanden. Bni Iznacen liegt in der Provinz von Oujda. Auf den Bergen von Bni Iznacen lebten ursprünglich die Berber, die arabische Bevölkerung befand sich auf der Ebene von Triffa. Beide Bevölkerungsgruppen sind durch eine Stammesstruktur geprägt. Trotz der räumlichen Trennung standen Berber und Araber in regem Austausch. So wurden Waren getauscht, es kam zu politischen Allianzen zwischen den Stämmen und zu verwandtschaftlichen Verbindungen durch Heirat. Zunächst fanden die Handelsbeziehungen nur lokal zwischen der Bevölkerung der Berge und der Ebene statt. Zunehmend entwickelte sich aber ein Warenaustausch in Richtung Algerien. Über den Hafen von Melilla und über algerische Märkte kamen erste Industrieprodukte nach Bni Iznacen. Schon vor der Ansiedlung von Franzosen in dieser Region begann sich die traditionelle Subsistenzwirtschaft in ersten Ansätzen in eine Exportwirtschaft zu verwandeln, die zunehmend von dem Warenangebot algerischer Märkte abhängig wurde.[60]

Seit 1907 kam es zu militärischen Aktivitäten Frankreichs in der Region von Bni Iznacen. 1909 befand sich beinahe schon ein Viertel der kultivierten Fläche in den Händen von französischen Kolonialisten, die von Algerien aus eingewandert waren. Innerhalb weniger Jahre konnte die französische Kolonialmacht die Region ganz für sich erschließen. Das in Marokko übliche Erbrecht wurde mit einem Gesetz über die Grundbucheinschreibung von 1913 quasi aufgehoben. Damit trat an die Stelle des bislang unteilbaren, nur vererbbaren und nicht verkäuflichen Familienbesitzes, Privatbesitz, der den Familienbesitz teilbar machte und den Kolonialisten den Kauf und die Aneignung von Grund und Boden ermöglichen sollte. Die Hungersnot und die Epidemien um 1910 zwangen viele Bauern zum Verkauf ihres Bodens, aber auch mit Gewalt, Einschüchterung und Trick gelangten die Kolonialisten zu ihrem Besitz. Der Stammesbesitz wurde 1919 zu großen Teilen verstaatlicht. In der Folgezeit entwickelten die Kolonialisten eine exportorientierte, moderne Landwirtschaft. Der traditionelle Raum wurde auf diese Weise destrukturiert. Die traditionellen Produktionsformen, die ursprünglich den familiären Zusammenhalt ausmachten, wurden aufgebrochen und Arbeitskraft wurde frei. Die Bauern, die früher ihr eigenes Land bestellt hatten, wurden zu Landarbeitern. Der Stamm als oberste politische und soziale Ordnungseinheit verlor sowohl seine Souveränität als auch sein eigenes Territorium. Mit der frei werdenden Arbeitskraft und dem Beginn der Lohnarbeit in den Landwirtschaftsbetrieben der Kolonialisten setzte die Individualisierung einer ursprünglich auf die Gemeinschaft des Stammes ausgerichteten Gesellschaft ein. Der Kontakt und die Bindung zur Stammesstruktur nahmen ab, die Berührung mit der modernen Welt der Kolonialisten wuchs. Die Städte als Handelszentren wurden

60 Vgl. Chattou: Migrations marocaines. S. 21-37.

zunehmend wichtiger; ehemalige Koloniedörfer entwickelten sich zu neuen Stadtzentren.[61]

Zunächst wanderten die Landarbeiter aus den Bergen in die Triffa-Ebene und nach Algerien ab. In Algerien wurde vornehmlich das Département Oran zum Ziel marokkanischer Migranten. Die dort angesiedelten Franzosen bevorzugten für den Aufbau ihrer landwirtschaftlichen Betriebe marokkanische Saisonarbeiter, da bei algerischen Arbeitern die Gefahr bestand, dass diese sich dauerhaft niederlassen könnten.[62] Mit dem Beginn der Industrialisierung Marokkos nach dem Zweiten Weltkrieg verstärkte sich die Abwanderung in die schnell wachsenden Städte Marokkos. Schließlich kam es insbesondere seit den 1960er Jahren zu einer Arbeitsmigration nach Europa mit dem Hauptziel Frankreich.

Wie das Beispiel Bni Iznacen zeigt, wurde mit dem Aufbrechen der traditionellen Gemeinschaftsstruktur und ihrer spezifischen landwirtschaftlichen Produktionsformen die Abwanderung der heimischen Bevölkerung vorangetrieben. Auch die spanische Protektoratspolitik führte zu denselben Veränderungen, wie Mohamed Lazaar für die Provinz Al Hoceima aufzeigt.[63] Wanderungsbewegungen von marokkanischen Arbeitern aus den ländlichen Gebieten wurden aber nicht nur durch das Verhalten der Protektoratsmächte und ihrer Kolonialisten ausgelöst, sondern durch die spezifische Zuwanderungspolitik Frankreichs auch gefördert.

Frankreich kann auf die längste Einwanderungstradition in Europa zurückblicken. Schon im 19. Jahrhundert wurde wegen des damaligen Geburtenrückgangs die Zuwanderung als bevölkerungspolitisches Instrument eingesetzt. Zum einen um die Wehrfähigkeit Frankreichs auch gegenüber dem bevölkerungsstarken Deutschland zu erhalten, zum anderen um die Industrialisierung Frankreichs zu stützen. Im Unterschied zu den meisten anderen europäischen Ländern bestand in Frankreich seit 1889 das ius soli[64] im Staatsangehörigkeitsrecht.[65] Bereits 1881 lebten mehr als eine Millionen Ausländer in Frankreich, die meisten davon waren Belgier und Polen. Ende des 19. Jahrhunderts kamen die ersten algerischen Arbeiter nach Frankreich. 1910 begannen französische Arbeitgeberverbände, die Anwerbung von Arbeitern aus den französischen Kolonien zu organisieren. Während des Ersten Weltkrieges übernahm der Staat die Rekrutierung von Arbeitern, aber auch von Soldaten für die französische Armee. Zum ersten Mal kam es auch zu signifikanten Migrationsströmen aus Nordafrika. Während Zoubir Chattou die während des Krieges nach Frankreich emigrierten Marokkaner auf 15 000 bis 20 000 schätzt, geht Irene Stacher von

61 Vgl. Chattou: Migrations marocaines. S. 37-59.

62 Vgl. Büchner: Die temporäre Arbeitskräftewanderung. S. 32 ff.

63 Vgl. Lazaar, Mohamed: Conséquences de l'émigration dans les montagnes du Rif Central (Maroc), in: Revue Européenne des Migrations Internationales, Nr. 1, 2/1987, S. 97-114.

64 Ius soli bedeutet übersetzt das Recht des Bodens und bezeichnet das Prinzip, nach dem ein Staat seine Staatsbürgerschaft automatisch an alle Kinder verleiht, die auf seinem Staatsgebiet geboren werden.

65 Vgl. Currle, Edda: Migration in Europa – Daten und Hintergründe, Stuttgart 2004. S. 81.

35 000 marokkanischen Migranten aus.[66] Nach Ende des Ersten Weltkrieges kehrten die meisten Marokkaner in ihre Heimat zurück. In der Zwischenkriegszeit führte vor allem das starke Wirtschaftswachstum zwischen 1921 und 1929 noch einmal zu einem steigenden Bedarf an ausländischen Arbeitskräften. Die Zahl der in Frankreich arbeitenden Marokkaner stieg in dieser Zeit auf etwa 21 000. Mit der Weltwirtschaftskrise wurde die Zuwanderung gestoppt und viele Nordafrikaner kehrten wieder zurück.[67] Auch während des Zweiten Weltkrieges wurden wiederholt etwa 45 000 Marokkaner für die Arbeit in Landwirtschaft und Rüstungsindustrie angeworben.[68] Bis 1960 war die Arbeitsmigration zwischen Algerien und Frankreich deutlich höher als zwischen Marokko und Frankreich. Erst seit 1960 nahm die marokkanische Migration nach Frankreich sprunghaft zu.[69]

Wanderungsbewegungen vom spanischen Protektoratsgebiet nach Spanien reduzierte sich auf die Anwerbung von Marokkanern für die spanische Armee während des Bürgerkrieges von 1936. Aber auch vom spanischen Teil Marokkos aus wurde nach Algerien emigriert. Nachdem Spanien im Gegensatz zu Frankreich lange Zeit Auswanderungsland war, konzentrierte sich die Europamigration nach dem Zweiten Weltkrieg vom spanischen Norden Marokkos aus auch in Richtung Frankreich.[70]

Durch die aktive Zuwanderungspolitik Frankreichs wurden die marokkanische Binnenmigration von Arbeitskräften und die Saisonmigration nach Algerien in Richtung Europa umgelenkt bzw. um diese dritte Migrationsroute ergänzt. Frankreich war daran interessiert, das vorhandene Arbeitskräftepotenzial in seinen Kolonien in den eigenen nationalen Produktionsprozess einzugliedern, um damit die wirtschaftliche Entwicklung voranzutreiben und in Kriegszeiten die Kriegswirtschaft zu sichern. Thomas Geisen bezeichnet dies als ein Arbeitskraft-Transfersystem, bei dem es der Kolonialmacht Frankreich je nach Bedarf möglich war, Arbeitskräfte aus den Kolonien für den eigenen Bedarf abzuziehen.[71]

66 Vgl. Chattou: Migrations marocaines. S. 99; Stacher, Irene/ Katharina Demel: Migration aus dem Maghreb nach Europa – neue Formen, neue Zielländer, in: Husa, Karl/Karl Parnreiter/Irene Stacher (Hg.): Internationale Migration. Die globale Herausforderung des 21. Jahrhunderts? Frankfurt a. M. 2000, S. 229-245, hier: S. 231.

67 Vgl. Chattou: Migration marocaines. S. 99.

68 Vgl. Refass, Mohammed: Un siècle d'émigration marocaine vers l'étranger, in: Revue de Géographie du Maroc, Nr. 1, 2/1993, S. 7-21, hier: S. 8.

69 Vgl. Alba, Richard: Decolonization Immigrations and the Social Origins of the Second Generation: The Case of North Africans in France, in: International Migration Review, Nr. 4/2002, S. 1169-1193, hier: S. 1174.

70 Vgl. Lazaar: Conséquences de l'émigration. S. 97-100.

71 Vgl. Geisen, Thomas: Wanderungsbewegungen als Arbeitskraft-Trannsfersystem, in: ders. (Hg.): Mobilität und Mentalitäten. Beiträge zu Migration, Identität und regionaler Entwicklung. Frankfurt a. M./London 1997, S. 77-99.

2.2.2 Migrationsgeschichte seit den 1960er Jahren

Im Zuge der anhaltenden Hochkonjunktur begannen neben Frankreich seit 1960 auch andere europäische Staaten Arbeitskräfte aus Marokko zu rekrutieren. Die Anwerbung von marokkanischen Arbeitskräften wurde über Anwerbebüros in verschiedenen Regionen Marokkos organisiert und basierte auf bilateralen Abkommen zwischen Empfängerländern und Marokko. Ursprünglich war die Arbeitsmigration als eine temporäre Rotationsmigration mit wechselnden Arbeitern gedacht, in der Praxis setzte sich jedoch eine zirkuläre Migration mit denselben Arbeitern durch, da die Unternehmen lieber auf bewährte Arbeiter zurückgriffen. Die Gastarbeitersysteme in den einzelnen Ländern, die an sich nur ein temporäres Aufenthaltsrecht vorgesehen hatten, entwickelten sich zunehmend zu einem System mit dauerhaftem Charakter. Nachdem Deutschland mit seinem sehr großen Bedarf an Gastarbeitern in Marokko nur begrenzt Arbeiter anwarb und dies im Schwerpunkt in der Provinz Nador tat, fanden neben Frankreich vor allem auch Belgien und die Niederlande in Marokko ein kostengünstiges Arbeitskräftereservoir.[72] Verstärkt wurde aus dem strukturschwachen und mit der Algerienmigration vertrauten Nordosten Marokkos nach Europa migriert. Die aktive Anwerbepolitik der europäischen Staaten brachte aber auch Auswanderer aus dem atlantischen Teil Marokkos nach Europa. Marokkanische Migranten fanden Arbeit in Industrie, Bergbau, Landwirtschaft und im Baugewerbe. Dabei handelte es sich um eine fast ausschließlich männliche Arbeitsmigration.

Die mit Abstand stärkste Zuwanderung marokkanischer Arbeitskräfte hatte Frankreich zu verzeichnen und steht in Zusammenhang mit der algerischen Frankreichmigration. Zwischen den drei algerischen Départements und Frankreich bestand seit 1947 Reisefreiheit. Dies führte dazu, dass die Zahl der in Frankreich lebenden algerischen Gemeinschaft zwischen 1946 und 1954 von 20 000 auf 210 000 anwuchs. In Folge des Algerienkrieges und auf Grund schlechterer Arbeitsbedingungen in Algerien nach der Unabhängigkeit, versuchte Frankreich Wanderungsbewegungen von Algerien nach Frankreich einzuschränken. Frankreich favorisierte deshalb verstärkt die Einwanderung aus anderen Nationen, darunter auch Marokko. 1963 wurde mit Marokko ein bilaterales Abkommen zur Anwerbung von Arbeitskräften abgeschlossen. Bis 1967 lief die Einwanderung nach Frankreich relativ spontan und entzog sich nationalstaatlicher Kontrolle.[73] Eine Statistik des Office National d'Immigration (ONI) belegte, dass 1968 82% der zugelassenen Arbeiter illegal eingereist waren. In der Praxis reisten marokkanische Arbeiter illegal ein, stellten sich bei den Unternehmen direkt vor und wurden daraufhin eingestellt. In

72 Vgl. Büchner: Temporäre Arbeitskräftewanderung. S. 38.

73 Vgl. Hagedorn, Heike: Frankreich: Integration à la francaise: Wie werden aus Migranten Franzosen?, in: Bade, Klaus (Hg.): Einwanderungskontinent Europa: Migration und Integration am Beginn des 21. Jahrhunderts, Osnabrück 2001, S. 89-104, hier: S. 89 f.

der Regel genügte es, den illegal angestellten Arbeiter beim ONI zu melden und eine Gebühr für die Legalisierung zu bezahlen. Dieser Weg war meistens schneller, unkomplizierter und die Unternehmen konnten, wenn sie die Legalisierung des Gastarbeiters etwas hinauszögerten, Lohnnebenkosten sparen.[74] Auch wenn das ONI seit Mitte der 1960er Jahre die Anwerbung von marokkanischen Arbeitskräften in den ländlichen Regionen Marokkos selbst vornahm und sich damit bewusst um eine stärkere staatliche Kontrolle bemühte, als dies bei algerischen Arbeitskräften möglich war, gewann die marokkanische Einwanderung eine Eigendynamik, die auch in der Folgezeit nicht auszubremsen war.[75] Trotz eines Anwerbestopps und restriktiveren Einreisebedingungen seit 1974 infolge des durch die Ölkrise verursachten Konjunktureinbruchs, nahm die Zahl marokkanischer Einwanderer kontinuierlich zu.

Abbildung 4: Afrikanische Staatsangehörige in Frankreich nach Volkszählungen zwischen 1946 und 1982 (in Tausend)

Jahr	Ursprungsland					
	Algerien	Marokko	Tunesien	Andere afrikanische Länder	Gesamtafrika	Alle Länder
1946	22	16	2	14	54	1 744
1954	211	11	5	2	229	1 765
1962	350	33	27	18	428	2 170
1968	474	84	61	33	652	2 621
1975	710	260	140	82	1 192	3 442
1982	805	441	190	152	1 588	3 714

Tabelle aus Garson, Jean-Pierre: Migration and Interdependence: The Migration System between France and Africa, in: Kritz, Mary/Lin Lean Lim/Hania Zlotnik (Hg.): International Migration Systems. A Global Approach, Oxford 1992, S. 80-93, hier S. 8.

In den Jahren 1973 und 1974 kam es aber nicht nur in Frankreich, sondern auch in allen anderen westeuropäischen Einwanderungsländern zu einem Anwerbestopp.

Der Wandel in der Einwanderungspolitik hing nicht nur mit der verschlechterten wirtschaftlichen Situation zusammen, sondern hatte noch zwei weitere Gründe. Zum einen gewannen die westeuropäischen Staaten zunehmend die Erkenntnis, dass aus der temporären Migration eine dauerhafte wurde. Die Familienzusammenführung verstärkte sich zusehends. So waren beispielsweise in Deutschland wegen der Konkurrenz um Arbeitskräfte mit den anderen europäischen Nachbarstaaten in den 1960er Jahren die Niederlassung und Familienzusammenführung gesetzlich erleich-

74 Vgl. Longatte, Annie: Nordafrikanische Arbeitsmigration nach Frankreich, in: Journal für Entwicklungspolitik, Nr. 2/1993, S. 189-202, hier: S. 192 f.

75 Vgl. Alba: Decolonization Immigrations. S. 1175.

tert worden. Zum anderen stellte die Kehrtwende in der Einwanderungspolitik auch eine Reaktion auf die fundamentale Restrukturierung des Arbeitsprozesses der Weltwirtschaft dar. Der Kapitalexport aus entwickelten Ländern und der Aufbau einer Herstellungsindustrie in unterentwickelten Regionen sowie eine mikroelektronische Revolution im Produktionsbereich, die den Bedarf an Arbeitern in der Herstellung reduzierte stellen die wichtigsten Kennzeichen für eine Globalisierung der Weltwirtschaft dar. Damit verbunden war eine generelle Erosion der traditionellen Industriebetriebe in den hochentwickelten Ländern. Die Nachfrage im Dienstleistungssektor stieg und in den entwickelten Ökonomien wuchs eine Schattenwirtschaft heran.[76]

Entgegen der Absicht der europäischen Staaten stiegen die Einwanderungszahlen weiter an, wie in Abbildung 5 deutlich wird.

Abbildung 5: Wachstum der marokkanischen Gemeinschaft in ausgewählten europäischen Ländern zwischen 1968 und 1990 (in Tausend)

Land	1968	1975	1982	1984	1990
Europa	**135,8**	**386,9**	**681,8**	**842,4**	**1 196,6**
Frankreich	84,2	260,0	431,1	500,0	653,0
Belgien	21,0	65,9	110,2	119,0	138,0
Niederlande	12,6	32,2	93,1	106,4	148,0
Deutschland	18,0	25,7	42,6	46,0	67,5
Spanien	-	-	-	32,6	80,0
Großbritannien	-	-	-	17,0	21,0
Italien	-	-	-	15,0	78,0
Skand. Länder	-	3,1	4,8	5,0	6,1
Schweiz	-	-	-	1,4	2,3
Dänemark	-	-	-	-	2,7

Tabelle aus Refass: Un siècle d'émigration marocaine. S. 16

Familienzusammenführung, Heirat und illegale Einwanderung stellen die neuen Formen der Einwanderung dar. Zum einen stieg die Bereitschaft, sich dauerhaft in Europa niederzulassen und die Familie nachzuholen, zum anderen ist die Familienzusammenführung und die Zuwanderung auf Grund von Heirat die „einfachste" Form, um in die Mitgliedstaaten der EU legal und zur Arbeitsaufnahme einreisen zu dürfen. Gerade in Ländern mit großzügigen Asylsystemen kam es auch zu vermehrtem Asylmissbrauch.[77] Während sich durch eine restriktivere Ausrichtung der europäischen Asylpolitiken die Zahl der Asylsuchenden seit den 1990er Jahren stark

76 Vgl. Castles, Stephen/Mark Miller: The Age of Migration. International Population Movements in the Modern World, New York 1993. S. 77-80.

77 Vgl. Stacher/Demel: Migration aus dem Maghreb. S. 234 ff., Longatte: Nordafrikanische Arbeitsmigration. S. 193 ff.

reduziert hat, nimmt die Familienzusammenführung weiterhin zu. Die Organisation für wirtschaftliche Zusammenarbeit und Entwicklung (OECD) stellte fest, dass die Familienzusammenführung 2004 in Frankreich 70% der Einwanderung ausmachte.[78] Entsprechend einer Umfrage von Erf unf Heering zeichnet sich aber in Spanien ein etwas anderes Bild ab. Eine Familienzusammenführung fand nur bei 14% der befragten 596 marokkanischen Haushalte in Spanien statt. Die Unterschiede hierfür könnten in der kürzeren Migrationsgeschichte Spaniens liegen, da sich nur 5% der von Erf und Heering befragten Migranten in Spanien schon länger als 10 Jahre in Spanien aufhielten. Zudem sind die meisten Marokkaner, die nach Spanien kommen, noch nicht verheiratet. Bei der Umfrage von Erf und Heering waren 65% der Befragten ledig.[79]

Der illegalen Einwanderung sind vor allem die jüngeren Einwanderungsländer Italien und Spanien ausgesetzt. Auf Grund ihrer wirtschaftlichen Entwicklung und des gleichzeitigen demographischen Rückgangs entwickelten sich die südeuropäischen Länder in den 1970er Jahren zu Einwanderungsländern. Dies geschah genau in einem Moment, als die übrigen europäischen Staaten ihre Einwanderungsgeschichte vorerst für beendet erklären wollten. Die italienische und spanische Einwanderungspolitik griff aber nicht auf die Anwerbepolitik, die die anderen europäischen Staaten ein Jahrzehnt zuvor praktiziert hatten, zurück. Unter dem Druck der Kernländer des Schengen-Prozesses begannen beide Staaten nach und nach, eine den anderen westeuropäischen Staaten ähnliche restriktive Migrationspolitik einzurichten.[80] Von Anfang an wurde der Bedarf an ausländischen Arbeitskräften auch mit illegalen Arbeitskräften gedeckt. Illegale Arbeit kann als das Produkt zweier Faktoren definiert werden: Zum einen einer restriktiven Gesetzgebung, die die legale Arbeitsimmigration einschränkt, zum anderen des Verhaltens der Arbeitgeber, die die Mehrkosten eines legalen Arbeitnehmers sparen möchten und nicht gemeldete Arbeitskräfte beschäftigen.[81] Die Bereitschaft der Arbeitnehmer illegale Arbeitskräfte anzustellen, ist vor allem in der Landwirtschaft auf Grund des ökonomischen Drucks des Weltmarktes und der innereuropäischen Konkurrenz – trotz EU-Subventionen – groß. Sehr viele marokkanische Migranten kommen nach Spanien,

78 Vgl. Foders, Federico: Zuwanderungspolitik in Europa: Begrenzung, Steuerung oder Förderung der Migration?, in: Die Weltwirtschaft, Nr. 2/2004, S. 210-226, hier: S.218.

79 Vgl. Erf/Heering: Moroccan Migration Dynamics. S. 66, 78 und Bodega, Isababel u.a.: Recent Migrations from Morocco to Spain, in: International Migration Review, Nr. 3/1995, S. 800-819.

80 Vgl. Rebeggiani, Lucia: Italien und Baumer, Andreas: Spanien, in: Gieler, Wolfgang/Dietmar Fricke (Hg.): Handbuch Europäischer Migrationspolitiken. Die EU-Länder und die Beitrittskandidaten, Münster 2004, S. 107-120, 169-182; Santel, Bernhard: Italien und Spanien: Einwanderung zwischen Abkehr und Normalität, in: Bade, Klaus (Hg.): Einwanderungskontinent Europa: Migration und Integration am Beginn des 21. Jahrhunderts. Osnabrück 2001, S. 105-116.

81 Diese Definition entspricht Boswell, Christina/Thomas Straubhaar: The Illegal Employment of Foreign Workers: an Overview, in: Intereconomics, Nr. 1/2004, S. 4-20, hier: S. 4.

um als Saisonarbeitskräfte in der Landwirtschaft zu arbeiten.[82] Wie bereits dargestellt, werden die meisten illegal eingereisten Einwanderer aus Marokko in Spanien aufgegriffen.[83] Die Europäische Kommission sieht in der europäischen Schattenwirtschaft einen wichtigen Pull-Faktor[84], mit dem die EU-Mitgliedstaaten Einwanderer anziehen. Die Schattenwirtschaft liegt in den einzelnen Mitgliedstaaten mittlerweile zwischen 7 und 16% des EU-BIP.[85]

Die europäische Migrationsgeschichte im 20. Jahrhundert macht deutlich, dass die EU-Mitgliedstaaten in der Anfangsphase die Migration beeinflussen konnten, indem sie Migrationsbewegungen aus den gewünschten Sendeländern initiierten. Mit der Einschränkung der legalen Einreisemöglichkeiten suchen sich die Migranten jedoch andere Wege, wie Asyl, Familienzusammenführung, Heirat und illegale Einwanderung, um in die EU einreisen zu können. Auch marokkanische Migranten machen verstärkt davon Gebrauch. Migrationspolitik kann also als ein Pull-Faktor fungieren und Migranten anziehen, sie ist jedoch bisher nicht in der Lage auf andere, von ihr unabhängige Push- und Pull-Faktoren Einfluss zu nehmen. Der wichtigste Pull-Faktor ist in der europäischen Schattenwirtschaft zu sehen, die verstärkt illegal eingereiste Arbeitskräfte nachfragt. Die Push-Faktoren marokkanischer Emigration sind vielfältig. Neben der bereits analysierten wirtschaftlichen Situation in Marokko und des damit verbundenen Wohlstandsgefälles zwischen den EU-Staaten und Marokko, als ein wesentlicher Faktor für marokkanische Emigration, hat sich seit der Kolonialisierung Marokkos zunächst zwischen Marokko und Frankreich ein Migrationssystem entwickelt. Mit der Anwerbepolitik von Gastarbeitern in den 1960er Jahren wurden weitere EU-Länder miteingebunden. Das Voranschreiten des Europäischen Integrationsprozesses in Form der Umsetzung der Personenfreizügigkeit durch das Schengener-Übereinkommen, zunächst auf bilateraler Ebene und später auf EU-Ebene, führte zu einem Migrationssystem Marokko – EU.[86] Entsprechend der Aussagen von Kritz und Zlotnik findet Migration zwischen Staaten nicht ziellos

82 Vgl. Bell, Nicholas: Illegale Arbeit in der Europäischen Landwirtschaft. Erdbeeren, Salat und Bauernlegen, in: Le Monde Diplomatique vom 11.4.2003, online im Internet: URL: http://www.monde-diplomatique.de/pm/2003/04/11.mondeText.artikel,a0067.idx,20 [Stand 1.8.2005].

83 Vgl. Einleitung.

84 Zur Erklärung von Migrationsphänomen wird in Politik und Forschung häufig von sogenannten Pull- und Push-Faktoren gesprochen. Pull-Faktoren ziehen Migranten an und sind im Zielland zu suchen. Push-Fakoren haben eine migrationsauslösende Wirkung im Herkunftsland. Die Begriffe wurden u.a. von Brinley Thomas Brinley geprägt; vgl. dazu Thomas, Brinley: Migration and Economic Growth: A study of Great Britain and the Atlantic Economy, Cambridge 1973.

85 Vgl. Mitteilung der Europäischen Kommission an den Rat und das Europäische Parlament über die Zusammenhänge zwischen legaler und illegaler Migration, KOM(2004)412 endgültig, 4.6.2004, S. 13.

86 Vgl. Zlotnik, Hania: Empirical Identification of International Migration Systems, in: Kritz, Mary/Lin Lean Lim/Hania Zlotnik (Hg.): International Migration Systems. A Global Approach, Oxford 1992, S. 19-40, hier: S. 31-36

statt, sondern setzt für gewöhnlich historische, kulturelle oder wirtschaftliche Verbindungen voraus.[87] Frankreich hat auf Grund der kolonialen Vergangenheit bis heute sprachliche, kulturelle und wirtschaftliche Verbindungen zu Marokko. Bilaterale Übereinkommen zur Anwerbung von Gastarbeitern schlossen weitere EU-Staaten in das Migrationssystem mit ein. Dieses von Staaten geschaffene Arbeitskraft-Transfersystem entfachte auch seine Wirkung auf die marokkanische Gesellschaft. Die anfängliche Frankreichmigration im kolonialen Rahmen wurde zu einer Gewohnheit und entwickelte sich in der marokkanischen Gesellschaft zu einem Sog, der sich dem Einfluss der europäischen Migrationspolitik spätestens seit den 1970er Jahren entzogen hat. Die Migrationsgeschichte zwischen Marokko und der EU zeigt, dass die marokkanische Migration eine Eigendynamik entwickelt hat, deren Ursprung in der marokkanischen Gesellschaft zu suchen ist.[88]

3. Ursachenanalyse marokkanischer Emigration: Der soziale Kontext

Wie bereits dargestellt, konzentrieren sich die jüngeren Migrationstheorien vor allem auf Dichte, Stärke und Inhalt der sozialen Beziehungen eines potenziellen Migranten. Die gesellschaftliche Dimension der Migration wird von der Theorie der *New Economics of Labour Migration*, der *Social Capital Theory* und der Theorie der *Cumulative Causation* aufgegriffen. Ziel ist es aufzuzeigen, dass die Migrationsbewegungen zwischen Marokko und der EU eine Verselbständigung erfahren haben, deren Ursachen auf gesellschaftlicher Ebene zu suchen sind. In seiner Entscheidung zur Migration wird das Individuum von der ihn umgebenden Gemeinschaft, seiner Familie und, falls vorhanden, auch von einem Migrationsnetzwerk beeinflusst. Unter Anwendung der drei genannten Migrationstheorien werden diese Gesellschaftsfelder näher untersucht. Dabei wird der Frage nachgegangen werden, inwiefern in der marokkanischen Gesellschaft auf den durch die Migration veränderten sozialen Kontext reagiert wird und wie auf diese Weise ein Verhalten entsteht, das die Eigendynamik des Migrationsprozesses fördert.

3.1 Migration als Familienkonzept

Die Theorie der *New Economics of Labour Migration* wurde von Stark und Bloom als erste kritische Antwort auf die Migrationstheorie der Neoklassischen Ökonomie entwickelt. Im Gegensatz zur neoklassischen Migrationstheorie, die nur die makroökonomische Ebene berücksichtigt, analysiert die Theorie der *New Economics of Labour Migration* die spezifische Situation, in der die Entscheidung zur Migration

87 Vgl. Gliederungspunkt 1.

88 Zu diesem Ergebnis kommen auch Büchner: Die temporäre Arbeitskräftewanderung. S. 118-123 und Garson: Migration and Interdependence. S. 85.

zustande kommt. Dabei wird davon ausgegangen, dass die Entscheidung nicht von einem isolierten Individuum alleine getroffen wird, sondern zusammen mit den Menschen, mit denen es im engeren Umfeld zusammenlebt – normalerweise dem Haushalt[89] bzw. der Familie[90]. Als Familienkonzept sollen mit der Migration eines Familienmitglieds das Einkommen der Familie maximiert und die Risiken minimiert werden.[91] Die Kernaussage von Stark und Bloom ist, dass sich die Familie dabei an den Einkommensverhältnissen der Gemeinschaft orientiert und deshalb keine absolute, sondern nur eine relative Einkommenssteigerung im Verhältnis zur Gemeinschaft und damit zu den anderen sie umgebenden Haushalten anstrebt. Durch die Geldüberweisungen von Migranten aus dem Ausland an ihre Familien ändern sich die Einkommensverhältnisse der Gemeinschaft. Vergleichen nun Nicht-Migranten-Haushalte[92] ihr Einkommen und ihren Besitz mit den Haushalten, die ein Familienmitglied im Ausland haben und folglich über ein besseres Einkommen verfügen, dann erscheint auch für Nicht-Migranten-Haushalte die Emigration eines Familienmitgliedes erstrebenswert. Migration begünstigt also neue Migration, da sie die relative Benachteiligung von Familien, die kein Familienmitglied im Ausland haben, steigert.

3.1.1 Geldüberweisungen von Europa nach Marokko

Kennzeichen einer durch die Familie bestimmten Migration sind die Geldüberweisungen des Migranten in die Heimat. Oft fehlt es in Entwicklungsländern an privaten Versicherungs- und Kreditmärkten sowie an einem staatlichen Absicherungssystem. Risiken, wie Arbeitslosigkeit, Krankheit, Ernteausfall etc., denen Familien ausgesetzt sind, können deshalb oftmals nicht abgefangen werden. Ebenso fehlt das Kapital, um Investitionen tätigen zu können.

Zwischen 1968 und 2003 sind die jährlichen Geldüberweisungen von Migranten aus dem Ausland an ihre Familien in Marokko von 200 Mio. Dirham auf 34 733,8 Mio. Dirham[93] gestiegen. Der mit Abstand größte Teil der Geldüberweisungen kommt aus den Mitgliedstaaten der EU, da hier 87% der marokkanischen Emigranten leben. Die Geldüberweisungen aus dem Ausland entsprachen 2001 9,63% des

89 Nach Erf und Heering definiert sich ein Haushalt als eine Einheit von einem oder mehreren Menschen, die zusammen leben und gemeinsam ihren Lebensunterhalt bestreiten. Vgl. Erf/Heering: Moroccan Migration Dynamics. S. 101.

90 Die Kernfamilie besteht aus Vater, Mutter und Kind/ern. Es wird davon ausgegangen, dass in der Regel eine Familie einen Haushalt bildet und die Kernfamilie dabei Mittelpunkt ist. Der Einfachheit halber werden deshalb die Begriffe Haushalt und Familie synonym verwendet.

91 Vgl. Gliederungspunkt 1.

92 Bei einem Nicht-Migranten-Haushalt ist keiner der Haushaltsmitglieder ausgewandert; in einem Migranten-Haushalt hingegen befindet sich aktuell mindestens ein Mitglied des Haushalts im Ausland oder hat sich bereits für mindestens ein Jahr im Ausland befunden und sich währenddessen im gleichen Land aufgehalten.

93 Ein Euro entspricht etwa 11,066 marokkanischen Dirhams.

marokkanischen BIP oder 29,71% des Imports bzw. 45,83% des Exports. Bei dem Volumen jährlicher Geldüberweisungen von Migranten in ihre Herkunftsländer liegt Maroko nach Indien (10 Mrd.$), Mexiko (9,9 Mrd.$) und den Philippinen (6,4 Mrd.$) mit 3,3 Mrd.$ an vierter Stelle. Bei einem Vergleich der Geldüberweisungen von Migranten nach Marokko mit der nach Marokko fließenden Entwicklungshilfe und ausländischen Direktinvestitionen in Marokko, nehmen die Geldüberweisungen bei diesen Finanzströmen über 60% ein, während die ausländischen Direktinvestitionen nicht einmal 5% ausmachen. Die Geldüberweisungen sind demnach nicht nur für die marokkanischen Familien, sondern auch für die marokkanische Wirtschaft sehr wichtig.[94]

Fast die Hälfte aller Geldüberweisungen kommt aus Frankreich, dem Land mit der größten marokkanischen Gemeinschaft, aber auch mit dem stärksten Familiennachzug.

Abbildung 6: Geographischer Ursprung der Überweisungen marokkanischer Migranten, 2000

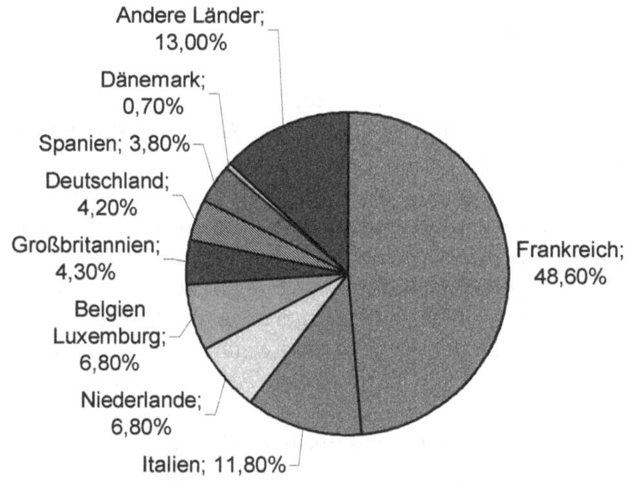

IOM: World Migration 2003. S. 225

94 Vgl. dazu Nadif, Mohammed: Migration et développement au Maroc: Quelles perspectives? Beitrag zu einer öffentlichen Anhörung des Europäischen Parlaments am 14./15.3.2005 in Brüssel, online im Internet: URL:http://www.europarl.eu.int/comparl/libe/elsj/events/hearings/20050314/communication_nadif_fr.pdf [Stand 18.7.2005] und International Organization for Migration (IOM): World Migration Report 2003. Managing Migration Challenges and Responses for People on the Move, Genf 2003. S. 224-232.

Auch wenn die Kernfamilie – in der Regel der Vater, der die Ehefrau und minderjährige Kinder nachholt – nach Europa auswandert, reißen die Geldüberweisungen nach Marokko nicht ab. Scheinbar wird der Rest der Familie auch weiterhin unterstützt. Dies lässt sich mit der traditionell starken Rolle der Familie in der marokkanischen Gesellschaft erklären. Verwandtschaftliche Beziehungen und Stammesstruktur sind ein wichtiger Bestandteil der marokkanischen Gesellschaft. In der traditionellen Großfamilie leben drei bis vier Generationen der männlichen Linie unter einem Dach. Gleichzeitig vollzieht sich in der marokkanischen Gesellschaft aber auch ein Wandel: Die junge Generation distanziert sich zunehmend von der Familie und in den Städten nimmt die Tendenz zur Kleinfamilie zu.[95] Inwiefern diese Veränderungen auch mit der Europamigration zusammenhängen, wird im Folgenden noch genauer zu untersuchen sein. Nichts desto weniger zeigt die Höhe der jährlichen Geldüberweisungen, dass – trotz des Wandels von der temporären Arbeitsmigration hin zu einer dauerhaften Niederlassung marokkanischer Migranten in Europa – die Bindungen zur Heimat nach wie vor stark sind.

Eine Befragung von 2000 marokkanischen Arbeitskräften 1972/73 in Frankreich ergab, dass 78% von ihnen mit ihrem Lohn mindestens vier Personen in ihrer Heimat unterstützten, 37% davon sogar mehr als sieben Personen. Auch eine Umfrage von 1990 zeichnete ein ähnliches Bild ab: Nur 10% der befragten Migranten überwiesen kein Geld an ihre Familien zu Hause, 72% unterstützten damit mindestens vier Familienmitglieder zu Hause.[96] Alle Untersuchungen, die in den marokkanischen Auswanderungsregionen – vornehmlich im südöstlichen Teil Marokkos und in den nördlichen Provinzen – vorgenommen wurden, kamen zu dem Ergebnis, dass die Geldüberweisungen der Migranten von ihren Familien in der Regel konsumptiv und nur in sehr geringem Maße produktiv eingesetzt werden. Da das Investitions- und Konsumverhalten in allen untersuchten Auswanderungsregionen sehr ähnlich ausfällt[97], soll am Beispiel der Provinz Al Hoceima im Norden Marokkos aufgezeigt werden, in welcher Form das Geld aus dem Ausland von den Familien eingesetzt wird.

Die Provinz Al Hoceima ist landwirtschaftlich geprägt und wirtschaftlich wenig erschlossen. Da die Region sehr wasserarm ist, fallen Ernteausfälle infolge von Trockenjahren besonders drastisch aus. Mohammed Lazaar stellte bei seiner Unter-

95 Die Veränderungen in der marokkanischen Gesellschaft untersuchen in der aktuellen Literatur zu Marokko beispielsweise Cohen: Searching for a Different Future und Bennani-Chraibi: Soumis et rebelles.

96 Vgl. Büchner: Die temporäre Arbeitskräftewanderung. S. 48; Chattou: Migrations marocaines. S. 126.

97 Vgl. hierzu u. a. Lebon, André: Les envois des fonds des migrants et leur utilisation, in: International Migration, Nr. 4/1986, S. 281-329; Tamim, Mohamed: Effets de l'Emigration Internationale sur la Vallée de l'Ouneine (Haut-Atlas Occidental), in: Revue de Geographie du Maroc, Nr. 1, 2/1993, S. 93-104.

suchung in der Provinz Al Hoceima fest, dass in einem normalen Erntejahr die Geldüberweisungen aus dem Ausland viermal so hoch sind wie die Einnahmen aus der Landwirtschaft, im Trockenjahr 1985 sogar 40mal so hoch. Die Ausgaben der Familien, die Geldüberweisungen aus dem Ausland erhalten, richten sich nach dem städtischen Konsumniveau. Es steht mehr Geld für die Lebenshaltungskosten, für den Bau eines Hauses oder Luxusartikel zur Verfügung. Während ein Nicht-Migranten-Haushalt für Lebensmittel etwa 28 Dirham pro Woche ausgibt, stehen einem Migranten-Haushalt 37 Dirham zur Verfügung. Fleisch, Tee, Zucker und Kaffee steigen im Verzehr. Ebenso ist feststellbar, dass die meisten Migranten-Haushalte das Geld aus dem Ausland für den Bau oder die Renovierung ihres Hauses oder ihrer Wohnung ausgeben. Bei einer Befragung von 135 Migranten-Haushalten in der Provinz Al Hoceima 1985 gaben 68% der Befragten an, mit dem im Ausland erworbenen Geld ein Haus bauen oder renovieren zu wollen. Es existiert auch eine deutliche Tendenz, Geld für Luxusartikel wie Fernseher, Elektrogeräte und Autos auszugeben. Der Erwerb von Land für die Landwirtschaft ist gleichzeitig stark zurückgegangen.[98]

3.1.2 Auswirkungen der Geldüberweisungen auf die marokkanische Gesellschaft

Wegen der geringen Produktivität der Landwirtschaft nutzen nur die wenigsten Haushalte die Geldüberweisungen aus dem Ausland für eine Vergrößerung der Landwirtschaft. Im Vergleich zu dem im Ausland verdienten Geld fallen die Einnahmen aus der Landwirtschaft zu schwach aus. Für die Provinz Al Hoceima stellt Lazaar fest, dass ehemals kultivierte Flächen verstärkt brach liegen, dafür aber teilweise eine intensivierte und kostspieligere Bewirtschaftung durch Bewässerung stattfindet. Eine Nebenwirkung der Europamigration in landwirtschaftlich marginalisierten Räumen, wie der Rif-Region, ist die Landflucht. Migration und Urbanisierung gehen Hand in Hand. Migranten-Familien, die über Geld verfügen, ziehen sehr oft in die Stadt, um dort zu investieren und sich eine Existenz aufzubauen. Oft garantiert nur noch eine gemeinschaftliche Bewirtschaftungsform in den Dörfern, dass das Land der Migranten-Familien noch bestellt wird. In der Rif-Region haben sich die Städte seit den 1970er Jahren sprunghaft vergrößert. Die Stadt Imzouren zählte 1970 nur einige Hundert Einwohner, gute 15 Jahre später lebten dort bereits 12 000 Menschen. Bei einer Umfrage in der Stadt Bni Hadifa stellte Lazaar fest, dass 80% der neu gebauten Häuser Migranten-Familien gehören.[99] Die gleichen Tendenzen wurden auch im Hohen Atlas festgestellt.[100]

Die Stadt bietet eine Reihe von Vorteilen: Die Kinder haben einen besseren Zugang zur Bildung und Investitionen können in der Stadt effektiver getätigt werden,

98 Vgl. Lazaar: Conséquences de l'émigration. S. 102-106.
99 Vgl. ebd. S. 106-112.
100 Vgl. hierzu Tamim: Effets de l'Emigration Internationale. S. 100.

beispielsweise, wenn man einen Laden, ein Café oder ein Hotel eröffnen möchte. In der Stadt befinden sich öffentliche Einrichtungen und Geschäfte in direkter Nähe. Chattou betont, dass mit der Europamigration nicht nur Geld nach Marokko gelangt, sondern auch Konsumgüter und ein Stück europäischer Kultur, wie Kleidung und Musik. Zum einen erlauben die Geldüberweisungen des Familienmitglieds im Ausland der Familie in der Heimat genau diese Güter zu kaufen, zum anderen hat der zurückgekehrte Migrant das Leben im Ausland kennen gelernt und distanziert sich dadurch oft vom Erwerb in der traditionellen Landwirtschaft. Mit Emigration und Urbanisierung kann folglich die Bindung an den Geburtsort abnehmen. Der Geburtsort profitiert immer weniger von dem durch die Migration erworbenen Geld und die Städte wachsen dafür so schnell, dass die städtische Infrastruktur überlastet ist. Bei einer Umfrage Lazaars 1990/91 von 170 Migranten im Ausland gaben 63,3% an, bei ihrer Rückkehr in Marokko investieren zu wollen, über 90% von ihnen möchten dabei jedoch eine Investition in einer Stadt vornehmen.[101] Betont werden muss, dass die Landflucht nicht eine alleinige Folge marokkanischer Emigration darstellt, sondern ihr Ursprung im Übergang von der traditionellen Landwirtschaft zur exportorientierten Landwirtschaft sowie in der Industrialisierung Marokkos liegt.[102] Die Tendenzen zur Urbanisierung werden jedoch durch die Migration verschärft.

Bis heute zählen die schwach entwickelten und ländlich geprägten Regionen zu den stärksten Auswanderungsregionen. Besonders stark ist die Auswanderung in den nördlichen Provinzen, einschließlich der Rif-Region mit den Provinzen Al Hoceima, Nador und Oujda. Während es zunehmend auch zu einer Emigration aus den marokkanischen Stadtzentren kommt, brachte und bringt die Emigration aus ländlichen Gebieten eine Landflucht mit sich. Die Tendenz von Migranten-Haushalten und zurückgekehrten Migranten, sich in den regionalen Stadtzentren niederzulassen oder ganz aus der Region abzuwandern, verschärft die Marginalisierung des ländlichen Raums. In den Städten fehlt es wiederum an Arbeitsplätzen, um den Bedarf, insbesondere an höher qualifizierter Arbeit als eine Folge besserer Schulbildung, zu decken. Während auf dem Land Grundstücke brach liegen und es zum Teil an Saisonarbeitern fehlt, gibt es in den Städten vor allem viele jugendliche Arbeitslose und arbeitslose Akademiker, die keinen ihrer Qualifikation entsprechenden Beruf finden können. Die Verödung des ländlichen Raums auf der einen Seite sowie eine chronische Überlastung der Ballungsgebiete auf der anderen Seite verstärken eher die schwierige wirtschaftliche und soziale Situation in Marokko und fördern daher auch die Emigration.[103]

Das im Ausland verdiente Vermögen bringt nicht nur eine Landflucht der zurückgekehrten Migranten und ihrer Familien mit sich, sondern beeinflusst auch Nicht-

101 Vgl. Lazaar, Mohamed: La Migration Internationale et la Strategie d'Investissement des Emigres, in: Revue Geographie du Maroc, Nr, 1, 2/1993, S. 167-179, hier: S. 177.

102 Vgl. Gliederungspunkte 2.1.1 und 2.2.1.

103 Vgl. Gliederungspunkte 2.1.1 und 2.1.2.

Migranten-Haushalte in ihrem Handeln. Der neue Wohlstand der Migranten-Familien wird von den Nicht-Migranten-Haushalten wahrgenommen. Lazaar schildert seine Beobachtungen in der Provinz Al Hoceima, wonach Migranten-Familien in ihren Heimatdörfern den neu erworbenen Wohlstand bewusst nach außen getragen haben. Dies geschah beispielsweise in Form eines Festmahls für alle Dorfbewohner.[104] Im Vergleich zur Referenzgruppe der Migranten-Haushalte empfinden die Nicht-Migranten eine relative Benachteiligung. Erf und Heering haben nachgewiesen, dass die Absicht zur Auswanderung durch diese relative Benachteiligung stimuliert wird. Die Intention auszuwandern ist mehr als doppelt so oft bei Personen vorzufinden, die die finanzielle Situation ihres Haushaltes als schlechter einschätzen als die der anderen Haushalte. Zwischen der Absicht auszuwandern und der wahrgenommenen relativen Benachteiligung gegenüber anderen Haushalten konnte bei einer Untersuchungsgruppe von 1 913 Personen eine statistische Signifikanz ermittelt werden.[105] Migration verursacht also indirekt neue Migration, da sie Einfluss auf die relative Benachteiligung von Nicht-Migranten-Haushalten hat.

Die Geldüberweisungen marokkanischer Emigranten sind mittlerweile für die marokkanische Wirtschaft zu einer festen Größe geworden und viele Familien können sich durch die Migration eines Familienmitgliedes in ihrer Heimat finanziell absichern und dadurch über einen höheren Lebensstandard verfügen. Fehlende Arbeitsplätze, regelmäßige Ernteausfälle infolge von Dürrejahren und ein schlecht ausgebautes staatliches Sozialsicherungssystem können so zum Teil ausgeglichen werden. Die Geldüberweisungen aus dem Ausland haben aber nicht nur mehr Wohlstand und Sicherheit gebracht, sondern auch die Einkommensdisparitäten in der marokkanischen Gesellschaft verschärft und damit, entsprechend der Theorie der *New Economics of Labour Migration*, der Eigendynamik der Migration den Weg bereitet. Es bestätigt sich damit die Aussage Masseys, dass jede Migration den sozialen Kontext verändert, in dem darauf folgende Migrationsentscheidungen getroffen werden. Eine wichtige Rolle kommt hier aber auch sozialen Netzwerken zu.

3.2 Die Rolle sozialer Netzwerke

Ein Migrationsnetzwerk als die spezifische Form eines sozialen Netzwerkes bezeichnet die interpersonellen Verbindungen von ehemaligen Migranten, Nicht-Migranten und Migranten zwischen Ursprungs- und Zielregion. Jede Migration schafft soziales Kapital für die Menschen, mit denen der Migrant in seiner Heimat in Verbindung steht. Dadurch werden die Konditionen einer Migration für diejenigen, die noch zu Hause sind, verbessert. Die Wahrscheinlichkeit, dass auch sie migrieren steigt, je mehr Kosten und Risiken mit Hilfe des Netzwerkes reduziert werden kön-

104 Vgl. Lazaar: Conséquences de l'émigration. S. 108, 109.
105 Vgl. Erf/Heering: Moroccan Migration Dynamics. S. 55.

nen.[106] Unter Anwendung der *Social Capital Theory* soll aufgezeigt werden, dass auch hier Migration neue Migration verursacht und sich deshalb, ebenso wie bei den Geldüberweisungen der Migranten in die Heimat, eine Eigendynamik des Migrationsprozesses entwickelt.

3.2.1 Netzwerke zur Kostenreduzierung

Schon vor dem Ersten Weltkrieg warben französische Arbeitgeberverbände marokkanische Arbeiter an. Während der Weltkriege übernahm der französische Staat die Anwerbung von Soldaten und Arbeitern aus Marokko. Auch die Arbeitsmigration der 1960er Jahre zeichnete sich durch Anwerbebüros interessierter europäischer Staaten in bestimmten Regionen Marokkos aus. Belgien, die Niederlande und Deutschland mussten die Migrationsbewegungen von Marokko nach Europa zunächst in ihre Richtung lenken und sich durch geschickte Anwerbung in Marokko zu Zielländern marokkanischer Emigranten machen.[107] Die Verbindungen, die seitdem zwischen marokkanischen Auswanderern und den Bekannten und Verwandten in ihrer Heimat gewachsen sind, haben Migrationsnetzwerke zwischen Ursprungs- und Zielregion entstehen lassen, mit denen potenzielle Migranten die Kosten und Risiken der Auswanderung reduzieren können. Bekannte und Verwandte im Zielland können einen potenziellen Migranten mit Informationen über den Reiseweg, die Einreise und den Aufenthalt im Zielland versorgen. Sie können helfen die Reisekosten zu finanzieren und bieten dem potenziellen Migranten im Zielland eine erste Bleibe oder Zufluchtsstätte. Nach der Ankunft können sie ihm bei der Arbeitsplatzsuche behilflich sein. Die Hilfestellungen solcher Netzwerke sind vielfältig. M. F. Cammaert zeigt in einer Untersuchung über Berber-Frauen aus Nador, die ihren Männern nach Brüssel nachgezogen sind, wie stark solche Netzwerke das Leben im neuen Land auch nach der Ankunft beeinflussen. Festgestellt wurde, dass die Frauen sich ausschließlich mit anderen emigrierten Frauen aus ihrer Heimat umgaben. Eine Integration in die Zielgesellschaft konnte auf diese Weise nicht stattfinden. Durch regelmäßige Aufenthalte in der Heimat blieb die Bindung an die Familie und die dortige Gemeinschaft gewahrt.[108] Erf und Heering sehen in der starken Bindung an die Heimat und in der Familiensolidarität die Gründe, warum sich Migrationsnetzwerke etablieren konnten. Entgegen der einschränkenden Maßnahmen im Einwanderungsrecht seit 1973, die die Einwanderung in die westeuropäischen Staaten zunehmend erschwert haben, gewährleisten die Migrationsnetzwerke ein stetiges

106 Vgl. Gliederungspunkt 1.

107 Vgl. Gächter, August: Entwicklung und Migration. Die unvermeidliche Abwanderung aus der Landwirtschaft, in: Husa, Karl/Christof Parnreiter/Irene Stacher (Hg.): Internationale Migration. Die globale Herausforderung des 21. Jahrhunderts? Frankfurt a. M. 2000, S.161-176, hier: S. 163.

108 Vgl. Cammaert, M. F.: The Long Road from Nador to Brussels, in: International Migration Review, Nr. 3/1986, S. 635-649.

Anwachsen der marokkanischen Gemeinschaft in Europa.[109] Die Netzwerke sind aus der legalen Arbeitsmigration der 1960er Jahre hervorgegangen und erleichtern auch heute noch legale, zunehmend aber illegale Zuwanderung in die EU. Netzwerke werden in der Forschungsliteratur als so genannte „migration multiplier" diskutiert. Dabei vertritt Fred Arnold die Ansicht, dass die Zahl der Migranten eines Ursprungslandes durch den Einfluss der Migrantennetzwerke bis zur dritten Generation um das Vierfache ansteigen kann.[110]

In ihren Untersuchungen in Marokko und Spanien kommen Erf und Heering zu dem Ergebnis, dass 75% der befragten Migranten für ihre Auswanderung auf ein Netzwerk zurückgegriffen haben. Auffällig ist, dass mehr Frauen (90%) bei der Auswanderung über ein Netzwerk verfügten als Männer (60%). Sowohl bei der Umfrage in Spanien als auch in Marokko stellten Erf und Heering fest, dass beide Male in etwa 80% der Frauen zum Zeitpunkt der Emigration mit einem marokkanischen Emigranten im Ausland verheiratet waren. Dies unterstreicht die Feststellung, dass die Familienzusammenführung zu einer bedeutenden Größe marokkanischer Immigration in die EU-Mitgliedstaaten geworden ist.[111]

3.2.2 Feminisierung der Migration

Während die anfängliche Arbeitsmigration fast ausschließlich die Männer betroffen hatte, kamen durch Familienzusammenführung und Heirat später auch verstärkt marokkanische Frauen nach Europa. In den Niederlanden beispielsweise wanderten 2001 erstmals mehr marokkanische Frauen als Männer ein. Die meisten Frauen reisen auch heute noch ihrem Ehemann oder Verlobten nach und erfüllen dabei ihre traditionelle Rolle als Ehefrau. Einige möchten auch nach Europa, um dort zu arbeiten, was sich angesichts des stärker dienstleistungsorientierten Arbeitsmarktes in Europa seit den 1970er Jahren für Frauen leichter gestaltet. Nur sehr wenige wandern alleine aus, um sich aus ihrer abhängigen Rolle zu befreien und zu emanzipieren. Dies stellen Erf und Heering in einer weiteren Untersuchung zusammen mit Leo van Wissen fest.[112] Mit der Untersuchung sollte überprüft werden, ob bei der Anwendung der *Social Capital Theory* und der Theorie der *Cumulative Causation* zwischen Männern und Frauen differenziert werden muss. Dafür wurden zwei Hypothesen aufgestellt: Die Existenz einer Migrationskultur in der Ursprungsregion wirkt sich auf die Migrationsintentionen der Männer stärker aus als Familiennetzwerke dies tun. Für Frauen hingegen, die als nachreisende Ehefrauen migrieren, hat

109 Vgl. Erf/Heering: Moroccan Migration Dynamics. S. 81 f.

110 Arnold, Fred: Unanswered Questions about the Immigration Multiplier, in: International Migration Review Nr. 4/1988, S. 889-892.

111 Vgl. Erf/Heering: Moroccan Migration Dynamics. S. 41 f., 59, 67-70.

112 Vgl. Heering, Liesbeth/Rob van der Erf/Leo van Wissen: The Role of Family Networks and Migration Culture in the Continuation of Moroccan Emigration: A Gender Perspective, in: Journal of Ethnic and Migration Studies, Nr. 2/2004, S. 323-337.

die Existenz von Familiennetzwerken eine stärkere Wirkung auf ihre Entscheidung zur Migration als die Migrationskultur ihrer Heimatregion. Für die Untersuchung wurde die Migrationsgeschichte der Provinzen als Indikator für die Existenz einer Migrationskultur herangezogen. Nach Ansicht der Wissenschaftler müsste die Existenz einer Migrationkultur aber für zukünftige Untersuchungen noch präziser nachgewiesen werden, da eine längere Migrationsgeschichte als alleiniger Indikator nicht ausreicht. Bei der statistischen Überprüfung bestätigten sich die aufgestellten Hypothesen. Es zeigt sich eine statistische Signifikanz zwischen der Absicht von Frauen zu emigrieren und der Existenz eines Familiennetzwerkes. Bei den Männern verringert sich eher die Absicht zu Migration, als dass sie sich vergrößert, wenn sich bereits Verwandte im Ausland aufhalten. Dies könnte eventuell damit erklärt werden, dass es Teil einer Familienstrategie ist, nicht zu viele Familienmitglieder auswandern zu lassen. Bei einer temporären Arbeitsmigration zur Aufbesserung des Familieneinkommens in der Heimat müssen auch männliche Familienmitglieder zu Hause bleiben, um dort die Grundsicherung des Familieneinkommens zu gewährleisten. Anders hingegen bei der Migrationskultur: Die Existenz einer Migrationskultur stärkt die Migrationsabsichten bei den Männern, eine Signifikanz zwischen Migrationsintention und Migrationskultur lässt sich bei den Frauen hingegen nicht feststellen.[113]

Für Frauen scheint die *Social Capital Theory* geeigneter, um Migration zwischen Marokko und der EU zu erklären. Da in den Untersuchungen von Erf und Heering fast 80% der Frauen als Ehefrauen ihren Männern nach Europa nachreisen, beschränken sich die Gründe für die Auswanderung meist auch auf die Familienzusammenführung. Dies erklärt, warum die Hälfte der Frauen bei der Umfrage von Erf und Heering Familiengründe als Motiv für die Auswanderung angegeben hat.[114] Für Frauen ist es in diesem Fall nicht wichtig, dass irgendein soziales Netzwerk zwischen ihrer Heimat und dem Zielort besteht, sondern dass sich der Ehemann dort befindet. Es geht bei den Frauen also in erster Linie um die Existenz eines Familiennetzwerkes und nicht um ein Migrationsnetzwerk an sich, an dem vielleicht nur Bekannte oder entfernte Verwandte beteiligt sind. Die Familienzusammenführung als Folge eines Familiennetzwerkes zwischen Ursprungs- und Zielort erfüllt aber alle Charakteristika eines Migrationsnetzwerkes, da damit ebenso die Risiken und Kosten für die nachreisende Ehefrau reduziert werden. Auch bei der Familienzusammenführung zieht Migration neue Migration nach sich. Durch die Emigration des Ehemannes verändert sich für die Frau zu Hause der soziale Kontext, in dem sie ihre Entscheidung zur Migration trifft. Es lässt sich daher feststellen, dass die Feminisierung der Migration seit Mitte der 1970er Jahre, als Folge der männlich dominierten Arbeitsmigration, Ausdruck der Eigendynamik des Migrationsprozesses zwischen Marokko und der EU ist.

113 Vgl. Heering/Erf /Wissen: The Role of Family Networks and Migration Culture. S. 327-334.
114 Vgl. Gliederungspunkt 2.1.1 und Erf/Heering: Moroccan Migration Dynamics. S. 49.

3.3 Migrationskulturen

Bislang konnte festgestellt werden, dass sowohl die Geldüberweisungen aus dem Ausland als auch die sozialen Netzwerke zwischen Heimat und Zielland als Erklärung herangezogen werden können, warum jede Migration den sozialen Kontext verändert und warum sich daraus eine Eigendynamik des Migrationsprozesses entwickelt. Entsprechend der Theorie der *Cumulative Causation* nach Massey soll nun untersucht werden, ob in Marokko als Ausdruck der Verselbständigung von Migration eine Migrationskultur, die über die Definition von Erf und Heering hinausgeht, entstanden ist und welche ihre spezifischen Charakteristika sind.[115] Dafür werden die Definitionen von Georges Reniers aufgegriffen, der zwischen konservativer und innovativer Migration unterscheidet.

3.3.1 Regionale Migrationskulturen

Migration führt zum einen zu einer Verschärfung der Einkommensdisparitäten in einer lokalen Gemeinschaft und zum anderen zu einer Ausweitung der sozialen Netzwerke zwischen Ursprungs- und Zielregion. Die mit der Migration verbundene Wohlstandssteigerung der Migranten und ihrer Familien motiviert Nicht-Migranten, die sich dadurch relativ benachteiligt fühlen, zur Emigration. Gleichzeitig dehnt sich mit jeder Migration ein soziales Netzwerk weiter aus. Für immer mehr potenzielle Migranten, die infolge der Migration eines Verwandten oder Bekannten mit einem Netzwerk verbunden werden, reduzieren sich die Kosten und Risiken einer Migration. In beiden Fällen begünstigt Migration neue Migration. Migration wird zu einer wünschenswerten Methode, mit der ein höheres Einkommen und ein besserer Lebensstandard erzielt werden kann, als dies mit den lokalen Ressourcen möglich wäre. Netzwerke erleichtern den Schritt zur Migration; für viele Frauen ist der Ehemann im Ausland überhaupt erst der Auslöser für die Migration. Über Zeit wird Migration in die Werte der Gemeinschaft und der Familie integriert. Diejenigen, die nicht auswandern wollen, werden negativ wahrgenommen. Die junge Generation wächst mit dieser Wertvorstellung auf:

> „For young men, and in many settings young women as well, migration becomes a rite of passage, and those who do not attempt to elevate their status through international movement are considered lazy, unenterprising, and undesirable."[116]

Da die Migration als ein erstrebenswertes Ziel zum Alltag gehört und ihr ein gesellschaftlicher Wert beigemessen wird, wird über eine andere Option als die der Auswanderung gar nicht mehr nachgedacht.

Als Indikator für eine etablierte Migrationskultur dient, entsprechend der Definition von Heering, Erf und Wissen, die Migrationsgeschichte einer Region.[117] Die

115 Vgl. Gliederungspunkt 3.2.2.
116 Massey: Worlds in Motion. S. 47.

Migrationsgeschichte ist in Marokko von Region zu Region unterschiedlich. Auswanderungsregionen unterscheiden sich sowohl hinsichtlich der Dauer der Migration und des Migrationsziels als auch hinsichtlich der Größe der Wanderungsbewegungen. Heering, Erf und Wissen gehen davon aus, dass in Regionen, aus denen über längere Zeit ausgewandert worden ist, Migration zu einem festen Wert in der Gesellschaft geworden ist. Dementsprechend kann von regionalen Migrationskulturen gesprochen werden. Wie bereits dargestellt wollen in der Provinz Nador mit einer etablierten Migrationsgeschichte mehr Männer auswandern als in der Provinz Khenifra, in der Migrationsbewegungen nach Europa erst später eingesetzt haben.[118]

Um nach den Aussagen von Massey die Existenz einer Migrationskultur nachweisen zu können und in Ergänzung zu den Untersuchungen von Heering, Erf und Wissen, muss als weiterer Indikator der Wert, der der Migration in einer Gesellschaft beigemessen wird, näher untersucht werden. In ihrer Umfrage in Marokko stellten Erf und Heering unter anderem die Frage, ob Migranten in der lokalen Gemeinschaft höher angesehen sind als diejenigen, die nicht ausgewandert sind. Sowohl bei der Gruppe der potenziellen Migranten als auch bei der Gruppe, die bei der Umfrage keine Absicht zur Migration bekundeten, genießen bei der Mehrheit der Befragten Migranten ein höheres Ansehen als Nicht-Migranten.

Abbildung 7: „Migranten sind angesehener als Nicht-Migranten" nach Geschlecht und Migrationsintention in %

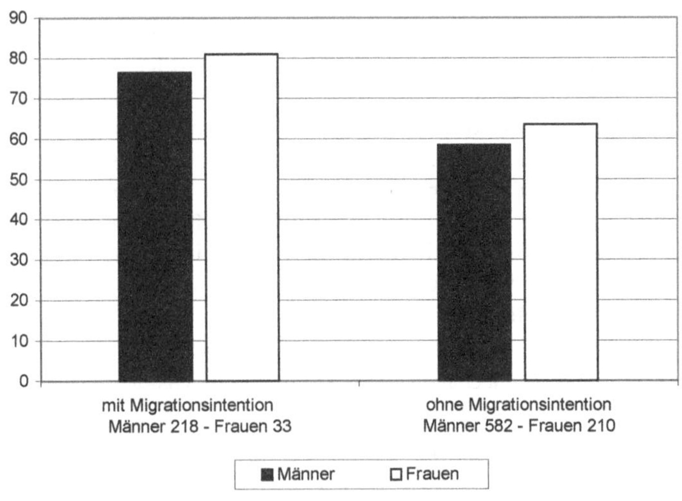

Erf/Heering: Moroccan Migration Dynamics. S. 51

117 Vgl. Gliederungspunkt 3.2.2.
118 Vgl. Gliederungspunkt 2.1.2.

Es ist anzunehmen, dass, entsprechend der Definition von Massey, eine Migrationkultur in Marokko existiert. Offen bleibt jedoch, welche Inhalte eine Migrationskultur in Marokko prägen. Herangezogen wird deshalb die von Georges Reniers vorgenommene Kategorisierung marokkanischer Europamigration. Die Betrachtung der marokkanischen Migrationsgeschichte lässt ihn zu dem Schluss kommen, dass zwischen innovativer und konservativer Migration unterschieden werden müsse. Bei der konservativen Migration möchte der Migrant durch Migration das bewahren, was er in der Heimat bereits besitzt. Die Migration ist rein ökonomisch begründet und temporär ausgerichtet. Bei einer innovativen Migration ist die Migration nicht nur wirtschaftlich motiviert, sondern hat auch einen sozio-kulturellen Charakter und betrifft vor allem die junge Generation. Mit der Migration wird das Ziel verfolgt, die Heimat zu verlassen und sich dauerhaft im Wunschzielland niederzulassen. Aussage Reniers ist, dass in Marokko neben einer rein konservativen Migration eine innovative Migrationskultur entstanden ist.[119] Andere Wissenschaftler wie Zoubir Chattou, David McMurray, Mounia Bennani-Chraibi und Shana Cohen versuchen mit Hilfe qualitativer Interviews zu erfassen, welche Einstellungen und Werte die junge Generation in Marokko mit Migration verbindet. Ohne von einer innovativen Migration zu sprechen, finden alle vier Autoren Indizien dafür, dass das Verständnis von Migration bei der jungen Generation eine Veränderung erfahren hat.

Es erscheint sinnvoll, der Kategorisierung von Reniers zu folgen und mithilfe der Arbeiten der oben genannten Wissenschaftler zu hinterfragen, wie sich eine Migrationskultur in Marokko heute darstellt. Dabei muss der regionale Untersuchungsrahmen verlassen werden. Eine Untersuchung über das Vorhandensein einer innovativen Migrationskultur hat eine andere Bezugsgröße: Es geht nicht um die Migrationsgeschichte einer Region, sondern um die Einstellungen und Werten der heutigen Migrantengeneration. Während Erf, Heering und Wissen quantitative Aussagen über den Einfluss der Migrationsgeschichte und damit der Migrationskultur auf die Auswanderungsintentionen machen, geht es im Folgenden um eine qualitative Darstellung der aktuellen Migrationskultur in Marokko. Damit soll auch dem Hinweis von Erf und Heering Rechnung getragen werden, dass die Migrationsgeschichte als alleiniger Indikator für die Existenz einer Migrationskultur nicht ausreicht.[120] Analysiert werden soll, welche Werte und Einstellungen heute die Migrationskultur in Marokko prägen und welche Aussagen diesbezüglich über den Charakter des Migrationsprozesses im heutigen Marokko getroffen werden können. Die Untersuchungen der Wissenschaftler konzentrieren sich auf regionale Stadtzentren.[121] Damit berück-

119 Vgl. Reniers: On the History and Selectivity of Moroccan Migration to Belgium, S. 679-711.

120 Vgl. Gliederungspunkt 3.2.2.

121 Cohen führte 70 Interviews hauptsächlich in Casablanca; Chattou hatte 30 Interviewpartner in seiner Untersuchungsregion Bni Iznacen in der Provinz Oujda; McMurray führte Gespräche in Nador und Bennani-Chraibi hatte insgesamt 157 Interviewpartner, die er neben Rabat und Casablanca auch in den Stadtzentren des Nordens und des Südens getroffen hat.

sichtigen sie, dass sich die marokkanische Gesellschaft, vor allem die junge Generation, in den Städten konzentriert.[122]

3.3.2 Von der konservativen zur innovativen Migration?

Die Europamigration der 1960er und 1970er Jahre war gekennzeichnet durch eine zunächst temporäre Arbeitskräftewanderung armer Männer vom Land, die oft Analphabeten waren und keine berufliche Qualifikation besaßen. Ziel war es, in Europa Geld zu verdienen, die Familie zu Hause damit zu unterstützen und wohlhabend wieder zurückzukehren. Die Migranten kamen aus dem Bauernmilieu, das sich durch eine traditionelle Großfamilienstruktur auszeichnete.[123] Urbanisierung und Auswanderung haben dazu geführt, dass es heute an Arbeitskräften in der Landwirtschaft fehlt. Die Kinder von Familien mit landwirtschaftlichem Besitz, deren Väter zum Geldverdienen nach Europa ausgewandert sind, entwickelten in ihrer Kindheit ein Desinteresse an der Landwirtschaft, da anstelle des landwirtschaftlichen Erwerbs die Geldüberweisungen des Vaters aus dem Ausland ein gutes Auskommen für die Familie boten.[124] Chattou kommt in seiner Untersuchung zu dem Ergebnis, dass, unter anderem als Folge der Europamigration, die Arbeit in der Landwirtschaft sozial nicht mehr angesehen ist. Viele Kinder weigern sich in die Fußstapfen ihrer Eltern zu treten. Besonders an Lohnarbeitern fehlt es.[125]

Chattou und McMurray heben hervor, dass es seit den 1980er Jahren eine zweite Migrantengeneration gibt. Die Migranten dieser Kategorie sind jung, alleinstehend, haben eine bessere Bildung, sind zum Teil wohlhabender und kommen zunehmend aus der Stadt.[126] Nach Reniers stammt die Mehrzahl von ihnen aus den Städten des Nordens und von der Atlantikküste.[127] Im Gegensatz zur Arbeitsmigration der 1960er Jahre betrifft die Migration heute alle soziale Schichten und nicht mehr nur ausschließlich die Bauernschicht. Wie Erf und Heering aufgezeigt haben, sind die Migrationsintentionen auf dem Land aber immer noch stärker ausgeprägt als in der Stadt.[128] Aufschluss über den aktuellen Charakter der Europamigration gibt die Umfrage von Erf und Heering in Spanien: Über 95% der Migranten sind vor weniger

122 1960 machte die Stadtbevölkerung noch weniger als 30% aus, heute sind es bereits über 50%. 1997 war das Bevölkerungswachstum auf dem Land zum ersten Mal negativ; vgl. dazu Erf/Heering: Moroccan Migration Dynamics. S. 10 ff.

123 Vgl. Chattou: Migrations marocaines. S. 117 ff.

124 Vgl. Lazaar: Conséquences de l'émigration. S. 108 f.

125 Vgl. Chattou: Migrations marocaines. S. 130 f.

126 Vgl. ebd. S. 117-119; McMurray, David: In and out of Morocco. Smuggling and Migration in a Frontier Boomtown, Minneapolis 2001. S. 148-158. Dieser Ansicht sind u. a. auch Bodega: Recent migrations. S. 811 und Reniers: On the History and Selectivity of Moroccan Migration. S. 694 f.

127 Vgl. Reniers: On the History and Selectivity of Moroccan Migration. S. 694 f.

128 Vgl. Gliederungspunkt 2.1.2.

als zehn Jahren nach Spanien ausgewandert. Nach wie vor wird die Europamigration von Männern geprägt. Der Männeranteil der Untersuchungsgruppe beträgt 62%. Zum Zeitpunkt der Migration waren 63% der Migranten nicht verheiratet. Die Hälfte der Untersuchungsgruppe ist zwischen 20 und 30 Jahren alt. 60% der befragten Männer und 53% der befragten Frauen haben eine Schulausbildung. Damit ist das Bildungsniveau gegenüber früheren Auswanderern aus Marokko um etwa das Doppelte angestiegen. Zusammengefasst zeigt die Umfrage von Erf und Heering für Spanien, ohne dies auf alle EU-Staaten verallgemeinern zu können, dass die meisten marokkanischen Migranten zum gegenwärtigen Zeitpunkt männlich, jung und alleinstehend sind und mehr als die Hälfte von ihnen über eine Schulausbildung verfügt.[129]

Der Politikwissenschaftler Bennani-Chraibi nimmt bei den von ihm interviewten marokkanischen Jugendlichen eine Kategorisierung in drei Gruppen vor. Zur ersten Gruppe zählt er Jugendliche, die nur wegen der Arbeit und wegen des Geldes auswandern möchten. Sie haben kein Interesse am Ausland und ihr einziges Ziel besteht darin, wohlhabend nach Marokko zurückzukehren. Die Jugendlichen der zweiten Gruppe möchten in Europa leben, da sie dort bessere berufliche Zukunftsperspektiven für sich sehen. Das Hauptstreben der dritten Gruppe ist „das Leben im Anderen“[130], für die meisten ist „das Andere“ Europa. „Leben“ ist dabei das zentrale Wort und nicht wie bei der zweiten Gruppe die Arbeit oder das Studium. Emigration bedeutet für sie totale Abkehr von der Heimat. Gemeinsam ist dieser Gruppe, dass sie ihre Zugehörigkeitsgruppe und zum Teil ihre religiöse und nationale Identität ablehnen. Sie sehen das neue Leben im Ausland nicht nur materiell, sondern auch als ein Schritt zur Individualisierung. Ihre persönliche Entfaltung und Selbstverwirklichung erhoffen sie sich durch das Leben in der Fremde. „Das Andere“ wird von ihnen wahrgenommen und konstruiert als Gegenpol zum „Hier und Jetzt“ des marokkanischen Lebens. Das Leben im „Anderen“ ist frei und ohne jeden sozialen Druck. Es gibt keine Abhängigkeit von der Familie. Dort ist es möglich, den idealen Partner kennen zu lernen und man wird Teil einer Konsumgesellschaft, die sich, was auch immer sie möchte, kaufen kann.[131]

In die Kategorisierung von Bennani-Chraibi passen auch die Ergebnisse von Chattou. Das arabische Wort „elghorba“ steht als Begriff für das Leben in der Fremde. Die Interviewten griffen häufig auf dieses Wort zurück. Die damit verbundenen Intensionen fielen jedoch unterschiedlich aus. Chattou konnte zwei verschiedene Sinnbedeutungen aus dem Wort „elghorba“ heraushören. Für eine Gruppe der Interviewten bedeutete es Einsamkeit und Probleme mit dem Neuen. Diese Einstellung fand er vor allem bei älteren Migranten, die als Familienväter nach Europa ausgewandert waren, um dort für die Familie zu Hause Geld zu verdienen. Die Jugendli-

129 Vgl. Erf/Heering: Moroccan Migration Dynamics. S. 40-43, 70, 78.

130 Diese Übersetzung entspricht dem von Bennani-Chraibi verwendeten französischem Ausdruck „vivre ailleurs“.

131 Vgl. Benanni-Chraibi: Soumis et rebelles. S. 159-167.

chen verbanden mit „elghorba“ etwas völlig anderes. Für sie bedeutete die Emigration das Verlassen der Familienbande, das Kennenlernen eines neuen Kontextes und das Erwachsenwerden. Mit der Auswanderung aus Europa beginnen ihrer Ansicht nach ein Abenteuer und die Verantwortung für das eigene Leben.[132]

Bennani-Chraibi, Chattou und auch McMurray stellen in ihren Untersuchungen den Drang der Jugend zur Selbstverwirklichung fest. Die Jugendlichen fühlen sich im traditionellen Wertesystem gefangen und entwickeln einen Mythos für das Ausland. Chattou sieht dies als Ausdruck einer individuellen Revolte gegen die eigene soziale Gemeinschaft und ihre Lebensbedingungen, an die man sich nicht anpassen möchte. Marokko wurde von einigen interviewten Jugendlichen „als Land des Mangels“ bezeichnet. Um seine Ideale verwirklichen zu können, ist ein Leben in Europa erstrebenswert, wo „Großzügigkeit“ und „Freiheit“ herrschen. Arbeitslose Jugendliche aus der Stadt Berkane in der Provinz Oujda brachten während der Interviews zum Ausdruck, dass sie sich weigern, als Tagelöhner in der Landwirtschaft zu arbeiten, da diese Arbeit nicht angesehen sei. Die Region um Berkane ist vom industriellen Obstanbau geprägt. Für Arbeitskräfte besteht in dieser Branche eine große Nachfrage, so dass mittlerweile auch ausländische Arbeitskräfte eingestellt werden. Obwohl die Landwirtschaft in dieser Region, auf Grund der peripheren Lage Oujdas und eines Mangels an Industrie, die einzige zuverlässige, aber auch schlecht bezahlte Verdienstquelle darstellt, lehnen es viele Jugendliche ab, in der landwirtschaftlichen Produktion zu arbeiten.[133]

Neben dem Traum, Marokko eines Tages verlassen zu können, stellte Bennani-Chraibi ein apolitisches Verhalten bei den Jugendlichen fest. Verfassung, Parlament und Mehrparteiensystem sind scheinbar nicht in der Lage, eine Beziehung zwischen Politik und Individuum herzustellen. Den Parteien wurde in den Interviews vielfach eine mangelnde Fähigkeit zur Volksvertretung unterstellt. Der König hingegen gilt als Vater und Einheitsfigur. Auch wenn es eine schwache Opposition gegenüber der Monarchie gibt, so ist die Zustimmung zur Monarchie doch die dominante Sichtweise.[134] Ausschluss und Distanzierung von der Politik signalisieren aber auch bei der jungen Generation das Bewusstsein für die Präsenz eines Tabus. Die Angst vor Überwachung wurde von den Jugendlichen in den Interviews durchaus angesprochen. Die Interviews spiegeln wider, dass die Jugendlichen der Politik, im Gegensatz zur Emigration, nicht die Fähigkeit zur Verwirklichung der individuellen Freiheit zusprechen.[135]

Es stellt sich die Frage, wie sich diese spezifische Migrationkultur unter den Jugendlichen entwickeln konnte, die sich in ihrer Ausrichtung deutlich vom Charakter der anfänglichen Arbeitsmigration abhebt. Die Gründe der jungen Generation für die

132 Vgl. Chattou: Migrations marocaines. S. 137-140.
133 Vgl. ebd.: S. 70 ff., 141-147.
134 Vgl. Gliederungspunkt 2.1.1 und Bennani-Chraibi: Soumis et rebelles. S. 207 ff.
135 Vgl. Bennani-Chraibi: Soumis et rebelles. S. 175-209.

distanzierte Haltung gegenüber der eigenen Gesellschaft, die Verklärung der Europamigration ins rein Positive mit dem Ziel der individuellen Selbstverwirklichung und die volle Akzeptanz des europäischen Lebensstils können aus verschiedenen Blickwinkeln betrachtet werden. Sowohl die weltweite wirtschaftliche und kulturelle Integration in Zeiten der Globalisierung als auch die Rolle der Familie und die marokkanische Migrationsgeschichte könne zur Analyse herangezogen werden.

Ein Grund für den Wertewandel der jungen Generation kann in der veränderten Rolle der Familie gesehen werden. Traditionell nimmt die Familie einen wichtigen Platz in der marokkanischen Gesellschaft ein. Beobachtet wird aber eine zunehmende Individualisierung der jungen Generation. Büchner stellte für seine Untersuchungsgebiet, der Todhra-Oase, fest, dass die Familien zu Beginn der ersten Migrationsbewegungen Wert darauf legten, dass der Sohn mit einem einheimischen Mädchen verheiratet wurde, damit seine Rückkehr nach Hause gewährleistet blieb. Mitte der 70er Jahre vollzog sich aber bereits ein Wandel. Zunehmend emigrierten auch junge unverheiratete Männer nach Europa. Dadurch kam es zu vorgezogenen Erbteilungen und die Wirtschafts- und Sozialgemeinschaft der Großfamilien löste sich auf. Büchner kommt in seiner Arbeit zu dem Ergebnis, dass die Europamigration in der Todhra-Oase der Auslöser für einen tief greifenden gesellschaftlichen Wandel war: Großfamilien brachen auseinander und die Dörfer wurden demographisch ausgezerrt, mit dem Effekt, dass sich immer mehr Menschen in den Städten niederließen. Als Folge des zunehmenden Familiennachzugs nach Europa wurde die Bedeutung der Großfamilie und des dörflichen Kollektivrahmens weiter geschwächt.[136]

Bennani-Chraibi vertritt die Ansicht, dass die Konstruktion des Staates und das Aufkommen einer neuen wirtschaftlichen Ordnung mit der ursprünglichen sozialen Struktur Marokkos, in deren Zentrum die Familie stand, in Konkurrenz getreten sind. Die Einrichtung eines flächendeckenden Bildungssystems seit der Unabhängigkeit Marokkos tat ihr übriges: Die Schule sozialisiert. In Form von Schulabschlüssen werden Titel geschaffen, die die Gesellschaft nach ihrem Bildungsstand differenziert. Damit werden in der Gesellschaft neue Werte gesetzt. In der Schule werden die Schüler auf den Markteintritt vorbereitet, der die Autonomie des Individuums begründet. Schulbesuch und eine spätere Arbeit außerhalb der Familie lassen das Individuum in einem von der Familie stärker distanzierten Umfeld leben. Auf Grund der hohen Jugendarbeitslosigkeit in Marokko beobachtet Bennani-Chraibi aber wieder eine zunehmende ökonomische Abhängigkeit der Jugendlichen von ihren Familien. Diese Abhängigkeit verursacht bei manchen Jugendlichen Groll. Die Europamigration bietet eine Möglichkeit, um aus dieser Abhängigkeit herauszukommen und als Individuum seine eigenen Wege zu gehen.[137]

Ein weiterer Aspekt, der das Aufbrechen der Familienstrukturen erklären kann, ist die demographische Entwicklung. Die sehr junge Altersstruktur der marokkanischen

136 Vgl. Büchner: Temporäre Arbeitskräftewanderung. S. 187-191, 216-226, 240-248.
137 Vgl. Bennani-Chraibi: Soumis et rebelles. S. 143-158.

Bevölkerung bedeutet für die junge Generation weniger demographische Last. Sie haben viele Geschwister, mit denen sie sich gemeinsam um die Elterngeneration kümmern können. Die rückläufigen Geburtenraten weisen darauf hin, dass die junge Generation weniger Kinder bekommt. In der Folge zeichnet sich die marokkanische Gesellschaft von heute durch größere Unabhängigkeit aus.[138]

Shana Cohen betrachtet die Individualisierung und Entfremdung der jungen Generation als Ergebnis der wirtschaftspolitischen Reformen in Marokko, die eine Antwort auf die globale Marktintegration darstellen. Im Zentrum der Reformpolitik steht die Entwicklung einer liberalen Marktwirtschaft durch das Wachstum des privaten Sektors.[139] Da die Reformen stärker unter dem Einfluss globaler Märkte und privater Unternehmen stehen und sich dadurch in der Wahrnehmung vom Staat distanzieren, spricht Cohen von der Formation einer neuen globalen Mittelklasse in Marokko. Dabei handelt es sich um junge, aus der Stadt kommende und gebildete Marokkaner, die sich innerhalb des Prozesses der globalen Marktintegration individualisiert haben und für die der Staat als System kollektiver Repräsentation seine Bedeutung verloren hat. Ihre schwierige wirtschaftliche Situation, die damit verbundenen Ängste und der mit der Globalisierung wahrgenommene Bedeutungsverlust des eigenen Staates führen zu einer Entfremdung der jungen Generation von Gesellschaft und Staat.[140]

Ergänzt werden kann diese rein wirtschaftliche Sichtweise durch eine Betrachtung der kulturellen Auswirkungen der Globalisierung. In einer allgemeinen Betrachtung geht Thomas Müller-Schneider davon aus, dass die weltweite Zunahme der Zuwanderungswünsche eine Folge der Globalisierung ist. Durch verstärkten Kontakt mit der modernen westlichen Lebensweise, insbesondere durch den weltweiten Zugang zu Massenmedien, findet nicht nur eine wirtschaftliche Marktintegration, sondern auch eine weltweite kulturelle Integration nach westlichem Wertemuster statt. Kennzeichen dieser kulturellen Integration ist eine gemeinsame Vorstellung von Wohlstand, Freiheit und Glück. Die Übernahme westlicher Lebensziele führt zu einer strengeren Bewertung der eigenen sozioökonomischen Situation in der Heimat, wo oft die Grundlagen fehlen, um ein „westliches" Leben führen zu können:[141]

> „Also nicht wachsende Weltprobleme erklären die Entstehung der neuen Zuwanderung, auch nicht die ungleichen (ökonomischen) Lebensverhältnisse an sich, sondern erst die Wahrnehmung und Bewertung der globalen Ungleichheit aufgrund neu entstandener Werte."142

Durch die stetig wachsende Migration von Marokko nach Europa in den letzten Jahrzehnten ist die marokkanische Gesellschaft mit dem westlichen Leben verstärkt in Kontakt getreten. Wie mit der Theorie der *New Economics of Labour Migration*

138 Vgl. Fargues, Philippe: Arab Migration to Europe: Trends and Policies, in: International Migration Review, Nr. 4/2004, S. 1348-1371.

139 Vgl. Gliederungspunkt 2.1.1.

140 Vgl. Cohen: Searching for a Different Future. S. 1-34.

141 Vgl. Müller-Schneider, Thomas: Wertintegration und neue Mobilität: Theorie der Migration in modernen Gesellschaften, Bamberg 2003. S. 75-82.

142 ebd. S. 76.

erklärt werden kann, hat der durch die Migration erzielte Wohlstandsgewinn immer mehr Marokkaner zur Auswanderung veranlasst.[143] Viele Arbeitsmigranten sind nach einer gewissen Zeit in Europa wieder nach Marokko zurückgekehrt und konnten sich dann in ihrer Heimat all die Dinge kaufen, die mit dem Lebensstil im reichen Europa verbunden werden. Die Jugendlichen von Heute sind mit dem Wohlstand der ersten Auswanderergeneration aufgewachsen. Gleichzeitig erleben die Jugendlichen, wie immer mehr Menschen der harten, schlecht bezahlten und vom Wetter abhängigen Landwirtschaft den Rücken zukehren und stattdessen in die Städte ziehen oder nach Europa auswandern. Zwischen Marokko und Europa entstanden soziale Netzwerke, die nicht nur die Kosten und Risiken einer Migration verringern, sondern auch Informationskanäle sind: Migranten, die zum Urlaub in der Heimat sind und während ihres Aufenthalts nur bestimmte Informationen weitergeben, ehemalige Migranten, die die Erinnerungen an die Migration und die Zeit in Europa verschönern und potenzielle Migranten, die illusorische Erwartungen an ihre Migration haben. Diese vermitteln ein bestimmtes Bild von Europa. Chattou stellte die Verklärung des europäischen Lebens und der europäischen Kultur bei vielen Interviewten fest.[144]

Im Gegensatz zur konservativen Migration, die es entsprechend der Analysen von Chattou und Chraibi-Bennani auch heute noch gibt, wird nicht mehr nur der Tatsache, dass durch eine Arbeit in Europa viel Geld verdient werden kann, ein Wert beigemessen, sondern auch dem Leben in Europa an sich. Im europäischen Lebensstil sehen viele junge Marokkaner die Möglichkeit zur Selbstverwirklichung. Es geht darum, sich ein Leben in Europa aufzubauen. Dieses Leben beinhaltet nicht nur einen höheren Lebensstandard im ökonomischen Sinne, sondern schafft auch eine Distanz zum Leben in Marokko, das heißt zur eigenen Familie und zur marokkanischen Gesellschaft. Ebenso bietet ein Leben in Europa die Möglichkeit, beruflich den gewünschten Weg einschlagen zu können. Entsprechend der Theorie der *Cumulative Causation* sind sowohl eine konservative als auch eine innovative Migrationskultur nicht nur Ausdruck der Eigendynamik des Migrationsprozesses, sondern verstärken auch noch den sich selbst nährenden Charakter der Migration. Beide Migrationskulturen geben der Migration einen positiven Wert und fördern daher neue Migration.

143 Vgl. Gliederungspunkt 3.1.2.
144 Vgl. Chattou: Migrations marocaines. S. 70 ff., 141-147.
144 Vgl. Gliederungspunkt 2.1.1.

4. Ergebnisse der Ursachenanalyse

Abschließend sollen nun die Ergebnisse der Ursachenanalyse zusammengeführt werden.

Entsprechend der Umfrage von Erf und Heering in Marokko ist davon auszugehen, dass die Absicht zur Migration bei fast allen männlichen Migranten wirtschaftlich begründet ist. 90% der befragten Männer, die die Absicht bekundeten auswandern zu wollen, gaben wirtschaftliche Motive an. Die sozioökonomische Situation in Marokko kann als schwierig bezeichnet werden. Marokko hat mit steigender Armut und hoher Arbeitslosigkeit zu kämpfen. Der liberale Reformkurs der letzten 25 Jahre brachte zwar in einigen Bereichen Verbesserungen mit sich, entschärfte jedoch nicht die Probleme wachsender Armut und Arbeitslosigkeit. Hinzukommen mangelnde Sozialsicherungssysteme und eine zu starke Abhängigkeit vom Agrarsektor, der auf Grund häufiger Trockenjahre große Einnahmeschwankungen zu verzeichnen hat. Problematisch ist ebenfalls die junge Altersstruktur der Bevölkerung. Auch in den nächsten Jahren wird die Arbeitskraft deutlich schneller wachsen wird, als dass von Staat und Wirtschaft Arbeitsplätze geschaffen werden können. Die wirtschaftliche Disparität zwischen Marokko und der EU ist beachtlich: Das Pro-Kopf-BIP in Marokko macht 5,6% des EU-BIP aus.[145] Die staatlichen Wohlfahrtssysteme in Europa sichern jedem Bürger eine Existenzgrundlage, Lohn und Lebensstandard sind höher, die Arbeitsmöglichkeiten besser und attraktiver. Die sozioökonomische Disparität zwischen Marokko und der EU ist nicht nur Push-Faktor, sondern auch Pull-Faktor für viele Marokkaner. Besonders in der europäischen Schattenwirtschaft sehen Wissenschaftler und Europäische Kommission einen starken Pull-Faktor.[146]

Auffällig ist, dass sich die Auswanderungsgründe marokkanischer Frauen von denen der Männer unterscheiden. Bei den marokkanischen Frauen sind Familien- und wirtschaftliche Gründe gleich starke Auswanderungsmotive. Die Untersuchung von Heering, Erf und Wissen hat ergeben, dass bei marokkanischen Frauen eine Signifikanz zwischen der Absicht auszuwandern und der Existenz von Familiennetzwerken zwischen Marokko und der EU festzustellen ist.[147] In der Literatur wird von einer Feminisierung der Migration gesprochen, die nicht nur alleine die marokkanische Europamigration betrifft, sondern all jene Migrationsströme, die anfänglich durch eine rein männliche Migration geprägt waren und sich folglich durch eine damit verbundene längere Abwesenheit der Männer von ihren Familien auszeichneten.[148] Dies betrifft im Kern auch die Migrationsbewegungen von anderen Herkunftsländern nach Europa, in denen in der Vergangenheit ebenfalls Gastarbeiter

146 Vgl. Gliederungspunkt 2.2.2.

147 Vgl. Gliederungspunkt 3.2.2.

148 Vgl. Chant, Sylvia (Hg.): Gender and Migration in Developing Countries, London/New York 1992.

angeworben worden sind.[149] Die Familienzusammenführung gehört heute zur wichtigsten Einwanderungsform in die EU-Mitgliedstaaten.[150]

Unabhängig von den Auswanderungsmotiven der Marokkaner konnte aufgezeigt werden, dass sich zwischen der EU und Marokko eine Eigendynamik des Migrationsprozesses entwickelt hat. Die Eigendynamik der marokkanischen Europamigration drückt sich, entsprechend der Theorie der *Cumulative Causation* von Massey, darin aus, dass jede Migration in einer Gemeinschaft den sozialen Kontext dahingehend verändert, dass er darauf folgende Migrationsentscheidungen positiv beeinflusst und auf diese Weise Migration neue Migration verursacht. Faktoren, die solch eine eigendynamische Entwicklung hervorrufen können, sind Wohlstandsdisparitäten, die als Folge der Migration im Herkunftsland entstehen können sowie die Existenz und Ausweitung von sozialen Netzwerken zwischen Herkunfts- und Zielland. Der eigendynamische Einfluss dieser beiden Faktoren auf Migrationsbewegungen wird von der Theorie der *New Economics of Labour Migration* und der *Social Capital Theory* formuliert.[151] Entsprechend der Theorie der *New Economics of Labour Migration* konnte festgestellt werden, dass vor allem die Geldüberweisungen von Migranten an ihre Familien in der Heimat zu einer Verschärfung der Einkommensdisparitäten geführt haben. Dies hat bei Nicht-Migranten das Gefühl relativer Benachteiligung hervorgerufen und die Bereitschaft zur Migration geweckt.[152] Auch der Einfluss von Migrantennetzwerken auf Migrationsbewegungen konnte nachgewiesen werden. Insbesondere Frauen machen ihre Entscheidung zu Migration von Familiennetzwerken abhängig, da sie im Rahmen einer Familienzusammenführung ihrem Ehemann ins Ausland nachreisen. In einer Umfrage von Erf und Heering in Marokko und Spanien stellte sich heraus, dass 75% der befragten Migranten bei ihrer Emigration auf die Unterstützung eines Netzwerkes zurückgegriffen hatten.[153]

Ausdruck der Eigendynamik des Migrationsprozesses ist die Entstehung einer Migrationskultur in der Gesellschaft des Ursprungslandes. Von einer Migrationskultur kann dann gesprochen werden, wenn der Migration in der lokalen Gesellschaft ein positiver Wert beigemessen wird. Dadurch wird die Migration an sich erstrebenswert. Jemand der migriert genießt in der eigenen Gesellschaft folglich höheres Ansehen als jemand, der sich gegen eine Migration entscheidet. Heering und Erf gehen davon aus, dass die etablierte Migrationsgeschichte einer Herkunftsregion als Indikator für die Existenz einer Migrationskultur herangezogen werden kann. Auch wenn die Dauer und Größe einer Migrationsbewegung sicherlich Indikatoren für das Vorhandensein einer Migrationskultur sind, so kann damit nicht gezeigt werden, wie sich eine Migrationskultur wirklich in der Gesellschaft darstellt und auf welche

149 Vgl. etwa Bensalah, Nouzha (Hg.): Familles turques et maghrebines aujourd'hui. Louvain-La-Neuve 1994.
150 Vgl. Gliederungspunkt 2.2.2.
151 Vgl. Gliederungspunkt 1.
152 Vgl. Gliederungspunkt 3.1.
153 Vgl. Gliederungspunkt 3.2.

Weise sie die Entscheidungen zur Migration beeinflusst. Quantitativ erhoben wurde, dass in Marokko Migranten ein höheres Ansehen genießen als Nicht-Migranten. Dies verdeutlicht, dass der Europamigration ein positiver Wert beigemessen wird. Da auch die qualitativen Untersuchungen einiger Autoren Hinweise auf die Existenz einer Migrationskultur in Marokko ergeben haben, wurde näher untersucht, welche Inhalte eine Migrationskultur in Marokko vermittelt. Herausgestellt hat sich, dass, entsprechend der Definition von Reniers, zwischen konservativer und innovativer Migration unterschieden werden muss. Bei einer konservativen Migration besteht der Wert der Migration in den ökonomischen Gewinnen, die durch eine Migration erzielt werden können und mittels derer der Migrant in der Lage ist, seinen Besitz in der Heimat zu bewahren und zu vergrößern. Die innovative Migration betrifft vor allem die junge Generation aus den Städten. In erster Linie wird dem Leben in Europa ein Wert beigemessen. Dabei geht es um Unabhängigkeit und Selbstverwirklichung. Auffällig ist dabei, dass von einigen das Leben in Marokko negativ empfunden wird und das Leben in Europa rein positiv wahrgenommen wird. Chattou sieht darin eine individuelle Revolte gegen die eigene Gesellschaft. Die Auswanderung nach Europa wird als ein persönliches Abenteuer verstanden. Häufig wollen die Jugendlichen selbständig werden und nicht mehr von der Familie abhängig sein. Andere sehen ganz einfach bessere Berufsmöglichkeiten in Europa.[154]

Fakt ist, und das ist auch die Meinung im theoretischen Diskurs, dass eine ökonomische Disparität zwischen Herkunfts- und Zielland Voraussetzung für Migrationsbewegungen ist.[155] Die ökonomischen Entwicklungsunterschiede sind ausschlaggebend für freiwillige Wanderungsbewegungen. Sie sind aber nicht alleine für den Umfang der Migration verantwortlich. Hier kommen die oben dargestellten Faktoren ins Spiel: Sowohl die durch eine Migration entstandenen Einkommensdisparitäten in der Ursprungsgesellschaft als auch die Existenz und Größe sozialer Netzwerke sowie das Vorhandensein einer Migrationskultur beeinflussen die Migration. Sie sind Folgeerscheinungen früherer Migration und verändern den sozialen Kontext für spätere Migrationsbewegungen dahingehend, als dass der soziale Kontext eine migrationsbegünstigende Wirkung auf den Einzelnen bei seiner Entscheidung zur Migration bekommt. Es lässt sich also festhalten: Die Voraussetzungen für freiwillige und ökonomisch motivierte Wanderungsbewegungen finden sich in der ökonomischen Disparität zwischen Marokko und der EU. Wanderungsbewegungen dieser Art bringen aber automatisch eine Eigendynamik mit sich. Diese Eigendynamik zeichnet sich dadurch aus, dass die die Migration begleitenden Erscheinungen Einfluss auf Größe und Dauer der Migration haben, da sie weitere Migration fördern. Untersucht werden sollten daher immer auch die einzelnen Faktoren, die zu einer Eigendynamik führen: Soziale Netzwerke, Einkommensdisparitäten und Migrati-

154 Vgl. Gliederungspunkt 3.3.
155 Vgl. Gliederungspunkt 1.

onskultur. Alle drei genannten Faktoren wirken bei jeder Migrationsentscheidung unterschiedlich.

Die marokkanische Europamigration hat ihren Ursprung in der Kolonialisierung Marokkos durch Frankreich. Die französische Kolonialpolitik initiierte die ersten Migrationsbewegungen nach Frankreich.[156] Der auf diese Weise ausgelöste Migrationsprozess zwischen Marokko und Frankreich dehnte sich in der Folgezeit durch die aktive Anwerbepolitik weiterer europäischer Staaten auch auf diese Länder aus. Infolge des Voranschreitens des Europäischen Integrationsprozesses kann mit der Umsetzung der Personenfreizügigkeit im Schengen-Raum von einem Migrationssystem Marokko-EU gesprochen werden. Dieses Migrationssystem in seiner heutigen Form zeichnet sich vor allem durch einen Migrationsprozess aus, der seit Beginn der europäischen Blockadepolitik an Eigendynamik gewonnen hat und mit politischen Mittel nicht beeinflussbar ist.[157]

Weiß man um die Migrationsursachen in Marokko einerseits und sieht man sich andererseits in der EU relativ machtlos gegenüber einem nicht nachlassenden Migrationdruck, der sich mehr und mehr durch illegale Migration auszeichnet, stellt sich unweigerlich die Frage, ob es möglich ist, politisch auf sinnvollem Wege auf die marokkanische Europamigration Einfluss zu nehmen.

5. Die Berücksichtigung von Migrationsursachen in der EU-Politik

Mit der Einheitlichen Europäischen Akte und dem außerhalb der Gemeinschaft geschlossenen Schengener Übereinkommen wurde die Vollendung des Binnenmarktes mit freiem Personenverkehr prioritär. Für die EG-Mitgliedstaaten ergab sich dadurch die Notwendigkeit einer kompensatorischen Zusammenarbeit bei der gemeinsamen Sicherung der Außengrenzen der Gemeinschaft sowie beim Zugang von Drittstaatsangehörigen zu den Hoheitsgebieten der Mitgliedstaaten. Neben der Asyl- und Visapolitik wurde damit auch die Einwanderungspolitik zu einem Interessensbereich politischer Kooperation.

Seit Anfang der 1990er Jahre bemühten sich daher die Mitgliedstaaten um Zusammenarbeit in Migrationsfragen und voranschreitende Integration in diesem Politikfeld. Nach wie vor fallen Regelungen zur Zuwanderung unter einzelstaatliche Kompetenz. Gemeinsame Maßnahmen zur Steuerung von Migrationsströmen und zur Bekämpfung irregulärer Migration liegen jedoch im Interesse aller EU-Mitgliedstaaten und sind notwendiger Bestandteil für die Verwirklichung eines Raums der Freiheit, der Sicherheit und des Rechts.[158]

156 Vgl. Gliederungspunkt 2.2.1.
157 Vgl. Gliederungspunkt 2.2.2.
158 Vgl. Art. 2 Absatz 4 Vertrag über die Europäische Union vom 7. Februar 1992 in der Fassung vom 26. Februar 2001 (EUV).

Entsprechend Art. 63 Nr. 3a des EG-Vertrages (EGV)[159] ist es Ziel der Mitgliedstaaten, ein Migrationssystem im Rahmen des EU-Rechts auf europäischer Ebene zu schaffen, das unter anderem die Einreise- und Aufenthaltsvoraussetzungen für einen langfristigen Aufenthalt festschreibt. Sinn eines gemeinsamen Migrationssystems ist es, den Migrationsdruck auf europäischer Ebene besser abfangen und kontrollieren zu können. Bislang wurden jedoch die Vorstöße der Kommission zur Einrichtung eines gemeinsamen Migrationssystems von den Mitgliedstaaten weitgehend ausgebremst. Die Europäische Kommission sprach sich bereits in einer Mitteilung[160] im Jahr 2000 für eine Regelung auf europäischer Ebene zur Aufnahme von Wirtschaftsmigranten aus. Im Jahr 2001 legte die Kommission einen Richtlinienvorschlag „über die Bedingungen für die Einreise und den Aufenthalt von Drittstaatsangehörigen zur Ausübung einer unselbständigen oder selbständigen Erwerbstätigkeit“ vor.[161] Die Beratungen im Rat gingen jedoch nicht über eine erste Lesung hinaus, zu groß waren die Vorbehalte der Mitgliedstaaten gegenüber einer gemeinsamen Regelung in diesem politisch sensiblen Bereich. Im Herbst 2005 schließlich zog die Kommission ihren Vorschlag wieder zurück.[162] Mit der Vorstellung eines „Strategischen Plans zur legalen Einwanderung“ unternahm die Kommission dann Ende 2005 einen neuen Anlauf.[163]

Ein weiteres migrationspolitisches Instrument stellt das gemeinsame Vorgehen gegen illegale Einwanderung dar.[164] Hier gehen die Kooperationsbemühungen der Mitgliedstaaten bislang am weitesten. In erster Linie sind die Zusammenarbeit beim Schutz der Außengrenzen, der Kampf gegen Schlepperkriminalität und eine gemeinsame Rückführungspolitik illegal eingereister Personen zu nennen. Mit dem Schengener Durchführungsübereinkommen wurden bereits gemeinsame und einheitliche Grundsätze für die Überwachung der Außengrenzen der Schengen-Staaten eingeführt. Seit einigen Jahren treibt die Union die Schaffung eines integrierten Grenz-

159 Vertrag zur Gründung der Europäischen Gemeinschaft (EG) vom 7. Februar 1992 in der Fassung vom 26. Februar 2001(EGV).

160 Mitteilung der Kommission an den Rat und das Europäische Parlament über eine Migrationspolitik der Gemeinschaft, KOM(2000)757 endgültig, 22.11.2000.

161 KOM(2001)386 endgültig, 3.7.2001. In Ergänzung dazu unterbreitete die Kommission Anfang 2005 ein Grünbuch über ein Konzept zur Verwaltung der Wirtschaftsmigration, KOM(2004)811 endgültig, 11.1.2005.

162 Vgl. Mitteilung der Kommission über das Ergebnis der Überprüfung von Vorschlägen, die sich derzeit im Gesetzgebungsverfahren befinden, KOM(2005)462 endgültig, 27.09.2005.

163 Vgl. Mitteilung der Kommission über einen Strategischen Plan zur Zuwanderung, KOM(2005)669 endgültig, 21.12.2005. Damit erfüllt die Europäische Kommission die Forderung des Europäischen Rates im sog. Haager Programm, einen strategischen Plan zu entwickeln, der der veränderten Nachfrage von Migranten auf dem europäischen Arbeitsmarkt nachkommt. Mit dem Haager Programm verabschiedete der Europäische Rat ein neues 5-Jahres-Programm zur Stärkung von Freiheit, Sicherheit und Recht in der EU. Das Haager Programm führt die Leitlinien von Tampere fort.

164 Vgl. Art. 63 Nr. 3b EGV.

schutzes voran.[165] In einigen Projekten, wie beispielsweise bei der spanischen Operation „Ulysses“[166], wurde bereits die Zusammenarbeit beim Grenzschutz im Mittelmeerraum erprobt. 2005 wurde schließlich die Europäische Agentur für Grenzschutz (Frontex) mit Sitz in Warschau eingerichet. Aufgabe der Agentur ist es, die operative Zusammenarbeit an den EU-Außengrenzen zu koordinieren.[167] Nach der Gründungsphase von Frontex im Sommer 2005, ist die Agentur im Sommer 2006, vor dem Hintergrund der stark angestiegenen Flüchtlingsbewegungen von Westafrika aus, mit operativen Grenzschutzaufgaben vor den Kanarischen Inseln betraut.

Ebenso stellt die Aushandlung von Rückübernahmeabkommen eine wichtige Priorität der EU im Bereich der Einwanderung dar. Mit Hong Kong, Macao, Sri Lanka und Albanien wurden bereits derartige Abkommen auf EU-Ebene unterzeichnet, mit Marokko, Türkei, Pakistan und Ukraine befindet sich die Kommission derzeit in Verhandlungen.[168]

Eine politische Antwort auf die Ursachen von Migration zu geben, versucht die EU seit 1999. Zur Schaffung eines Raums der Freiheit, der Sicherheit und des Rechts machte der Europäische Rat von Tampere im Oktober 1999 in seinen Schlussfolgerungen darauf aufmerksam, dass ein umfassendes Migrationskonzept auf EU-Ebene auch die Partnerschaft mit Herkunftsländern von Migration beinhalte.[169] Die Einbeziehung von Migrationsbelangen in die Außenbeziehungen der EU wird als integriertes Migrationskonzept bezeichnet[170] und berücksichtigt unter anderem auch die Ursachen von Migration. Neu am integrierten Migrationsansatz ist zum einen die Einbettung der Migrationspolitik in die Außenbeziehungen der Union und zum anderen die Einführung präventiver Maßnahmen. Die Ursachenbekämpfung von Migration führt die drei Politikfelder Außenbeziehungen, Entwicklungshilfe

165 Vgl. Mitteilung der Kommission an den Rat und das Europäische Parlament: Auf dem Weg zu einem integrierten Grenzschutz an den Außengrenzen der EU-Mitgliedstaaten, KOM(2002)233 endgültig, 7.5.2002.

166 Die Operation „Ulysses“ wurde im Rahmen des ARGO-Programms kofinanziert; Näheres zur Finanzierung online im Internet: URL: http://www.europa.eu.int/comm/justice_home/funding/argo/doc/list_grants_awarded_2002_en.pdf [Stand 25.8.2005].

167 Vgl. Verordnung zur Errichtung einer Europäischen Agentur für die operative Zusammenarbeit an den Außengrenzen der Mitgliedstaaten der Europäischen Union (EG) 2007/2004.

168 2600. Tagung des Rates „Justiz und Inneres“, Brüssel 19.7.2004, Mitteilung an die Presse 11161/04 (Presse 219), S. 10.

169 Vgl. Schlussfolgerungen des Vorsitzes, Europäischer Rat Tampere, 15. und 16. Oktober 1999, 200/1/99, Nr. 12 .

170 Vgl. z.B. Wortlaut im Aktionsplan des Rates und der Kommission zur bestmöglichen Umsetzung der Bestimmungen des Amsterdamer Vertrags über den Aufbau eines Raums der Freiheit, der Sicherheit und des Rechts, Amtsblatt C 19, 23.1.1999, Nr. 36a und in den Schlussfolgerungen des Vorsitzes, Europäischer Rat Sevilla, 21. und 22. Juni 2001, 13463/02, Nr. 33 sowie auf der 2203. Tagung des Rates „Justiz und Inneres“, Luxemburg 4.10.1999, 11281/99 (=Dokument des Rates), S. 4.

und Innenpolitik, der die Migrationspolitik bislang zugeordnet war, zusammen.[171] Es erscheint daher angemessen, von einem integrierten Ansatz zu sprechen.

Mit der Annahme eines „Gesamtansatzes zur Migrationsfrage: Vorrangige Maßnahmen mit Schwerpunkt Afrika und Mittelmeerraum"[172] im Dezember 2005 konzentriert sich die Europäische Union zum ersten Mal auf die Entwicklung eines Konzepts, dessen Kern die Zusammenarbeit und der Dialog mit den wichtigsten Auswanderungs- und Transitländern darstellt. Die Verabschiedung eines Gesamtansatzes ist als Reaktion auf die verstärkten Migrationswellen in Richtung Europa seit Herbst 2005 zu sehen, wobei die gewachsene Bedeutung Marokkos als Transitland für Migranten aus Afrika südlich der Sahara deutlich wird. Der Europäische Rat ist nicht nur bereit die finanziellen Mittel der EU im Bereich Migration aufzustocken, sondern nennt für Marokko, Algerien und Libyen konkrete Maßnahmen, die durchgeführt werden sollten. Der Schwerpunkt in der migrationspolitischen Zusammenarbeit mit Marokko liegt jedoch auf regulierenden Maßnahmen, wie der Bekämpfung des Menschenhandels und der Unterzeichnung des schon länger diskutierten Rückübernahmeübereinkommens.

Europäische Migrationspolitik möchte Migration steuern. Ziel ist es, die Migration nach Europa über gemeinsame Mechanismen in geregelten Bahnen verlaufen zu lassen. Der Schwerpunkt der Kooperation auf EU-Ebene liegt bislang in der Eindämmung illegaler Einwanderung. Trotz verstärkter kooperativer Zusammenarbeit auf EU-Ebene zeichnet sich noch nicht ab, dass die Maßnahmen der EU effektiv auf den Einwanderungsdruck in Richtung Europa einzuwirken vermögen. Insbesondere die illegale Migration steigt weiterhin an.[173] Die Berücksichtigung von Migrationursachen in den Außenbeziehungen der Europäischen Union stellt hier eine interessante Alternative dar.

Um die Frage beantworten zu können, in welcher Form die Migrationspolitik der EU auf die Ursachen marokkanischer Migration reagiert, werden in einem ersten Schritt die Entwicklungen nachgezeichnet, die zu einer Berücksichtigung von Migrationsursachen in der EU-Politik geführt haben. Darauf aufbauend wird sich die Untersuchung dann auf die Beachtung von Migrationsursachen in den nachbarschaftlichen Beziehungen der EU mit Marokko konzentrieren.

171 Vgl. Boswell, Christina: European Migration Policies. S. 112-117.

172 Vgl. Schlussfolgerungen des Vorsitzes, Europäischer Rat Brüssel, 15. und 16. Dezember 2005, 15914/1/05, Anhang I, S. 9-14.

173 Eine exakte Prozentangabe kann nicht vorgenommen werden, da nicht für alle Mitgliedstaaten der EU vollständige Angaben vorliegen; vgl. dazu Eurostat-Statistik, online im Internet: URL: http://www.europa.eu.int/comm/justice_home/doc_centre/asylum/statistical/docs/2001/apprehended_aliens_1997_2001_en.pdf [Stand 25.8.2005].

5.1 Der integrierte Migrationsansatz der EU als Präventivstrategie zur Ursachenbekämpfung von Migration

Eine wichtige Rolle für die Berücksichtigung von Migrationsursachen in den Außenbeziehungen der EU spielt die vom Rat einberufene Hochrangige Gruppe für Asyl und Migration. Die Hintergründe zur Einsetzung der Hochrangigen Gruppe für Asyl und Migration und die Analyse der Arbeiten der Hochrangigen Gruppe geben Aufschluss über die anfänglichen Entwicklungen des integrierten Migrationsansatzes. Darauf aufbauend wird die Rolle der Kommission bei der weiteren Ausgestaltung dieses Ansatzes untersucht. Abschließend wird eine Einordnung des desselbigen in den Europäischen Integrationsprozess vorgenommen.

5.1.1 Die Einsetzung der Hochrangigen Gruppe für Asyl und Migration

Die Wurzeln eines integrierten Migrationsansatzes liegen in den 1980er Jahren. 1981 wurde die Diskussion von Sadruddin Aga Khan mit seiner Studie „Human Rights and Massive Exoduses“, die er im Auftrag der Menschenrechtskommission der VN verfasst hatte, angestoßen. Dabei bezog er sich auf die Idee der Ursachenbekämpfung bei Flüchtlingsströmen. Verschiedene Wissenschaftler entwickelten diese Thematik weiter.[174] Kommissionsbeamte beschäftigten sich mit dieser Thematik seit 1991.[175]

1994 machte die Kommission einen Vorstoß, indem sie Rat und Europäischem Parlament eine Mitteilung[176] zukommen ließ, in der sie die engere Kooperation mit Ursprungsländern von Migration befürwortete. Ein integrierter Migrationsansatz sollte als ergänzende Politik geschaffen werden und eine alternative Antwort für den stark angestiegenen Migrationsdruck bieten.[177]

Der Kommissionsmitteilung von 1994 vorangegangen waren bereits Vorschläge und Aufforderungen von Internationalen Organisationen, wie dem Hohen Flüchtlingskommissar der VN (UNHCR), ergänzende Strategien zu entwerfen, die sich Flüchtlingsproblemen auf der globalen oder regionalen Ebene widmen.[178] Hier muss betont werden, dass sich der Ansatz des UNHCR auf Flüchtlinge im Sinne der Gen-

174 So beispielsweise Zolberg, Aristide/Astri Suhrke/Sergio Aguayo: Escape from Violence. Conflict and the Refugee Crisis in the Developing World, New York 1989.

175 Vgl. Boswell: European Migration Policies. S. 115.

176 Mitteilung der Kommission an den Rat und das Europäische Parlament über Zuwanderungs- und Asylpolitik der Gemeinschaft KOM(1994)23 endgültig, 23.0.1994.

177 Vgl. Mitteilung der Kommission KOM(1994)23, S. 2.

178 Vgl. Klaauw: Building Partnerships. S. 29 und Boswell: European Migration Policy. S. 112.

fer Flüchtlingskonvention[179] bezog und auch heute noch bezieht und nicht auf freiwillige Bevölkerungsbewegungen.[180]

Im Gegensatz dazu beschäftigte sich die Kommission in ihrer Mitteilung auch mit einer Kooperationsstrategie gegenüber Herkunftsländern freiwilliger Migration in die EU. Durch Zusammenarbeit mit potenziellen Drittländern sollte dem Beitrag, den die Entwicklungspolitik bei der Bekämpfung der Ursachen von Migrationsströmen leisten kann, Rechnung getragen werden.

Der Vorschlag der Kommission berührte jedoch nicht in nennenswerter Weise die migrationspolitischen Diskussionen im Rat. Erst vier Jahre später befassten sich die britische und die österreichische Ratspräsidentschaft ausführlicher mit der Thematik eines integrierten Migrationsansatzes. Anfang 1998 leitete die britische Präsidentschaft die Ausarbeitung eines Aktionsplans bezüglich des Zustroms von Migranten aus dem Irak und den Nachbarregionen ein. Die Liste geplanter Aktionen bezog sich aber rein auf regulierende Maßnahmen und verkannte, dass die Bevölkerungsbewegung aus dem Irak auch zu einem bedeutenden Anteil Flüchtlinge miteinschloss. Die offensichtlichen Schwächen des Aktionsplanes und die starke Kritik von UNHCR und Nichtregierungsorganisationen (NRO) hielten die Mitgliedstaaten letztlich von der Einsetzung des Aktionsplans ab.[181]

Der österreichische Ratspräsident Viktor Klima stellte am 1. Juli 1998, dem ersten Tag seiner halbjährigen Amtszeit, eine Strategie für eine ergänzende europäische Asyl- und Migrationsstrategie vor. Diese sah die Einbeziehung von Migrationsbelangen in die internationalen Beziehungen der EU und die Entwicklungshilfe vor, um damit gezielt Migration in die EU zu reduzieren:

> „...all the EU's bilateral agreements with third States must incorporate the migration aspect. Economic aid will have to be made dependent on visa questions, greater border-crossing facility on guarantees of readmission, air connections on border control-standards, and the willingness to provide economic co-operation on effective measures to reduce push factors."[182]

179 Die Genfer Flüchtlingskommission wurde 1951 unter dem Dach der Vereinten Nationen unterzeichnet und definiert einen Flüchtling als eine Person, die ". . . aus der begründeten Furcht vor Verfolgung wegen ihrer Rasse, Religion, Nationalität, Zugehörigkeit zu einer bestimmten sozialen Gruppe oder wegen ihrer politischen Überzeugung sich außerhalb des Landes befindet, dessen Staatsangehörigkeit sie besitzt, und den Schutz dieses Landes nicht in Anspruch nehmen kann oder wegen dieser Befürchtungen nicht in Anspruch nehmen will . . ." (zitiert aus der Genfer Flüchtlingskonvention), online im Internet: URL: http://www.unhcr.de/pdf/45.pdf [Stand: 15.7.2005].

180 Vgl. dazu UNHCR: Schutz und dauerhafte Lösungen für Flüchtlinge im Kontext von Migration und Entwicklung. Genf, September 2002, online im Internet: URL: http:// unhcr.de/ pdf/ 341.pdf [Stand: 15.7.2005].

181 So erklärte beispielsweise der Aktionsplan die Nachbarländer des Iraks zu sicheren Drittstaaten, die ohne weiteres irakische Flüchtlinge integrieren könnten, ohne dies jedoch näher zu überprüfen. Vgl. Klaauw: Building Partnerships. S. 24 f.

182 Strategiepapier zur Einwanderungs- und Asylpolitik, 1. Juli 1998, 9809/98 (=Dokument des Rates), §59.

Die sehr einseitige und nur auf die Vorteile der EU bedachte Position der österreichischen Präsidentschaft für Maßnahmen zur Verringerung des Migrationsdrucks wurde von den Mitgliedstaaten nicht akzeptiert. Kritisiert wurden auch die schlechte Analysegrundlage und die repressive Ausrichtung der vorgeschlagenen Maßnahmen.[183]

Auf dem informellen Treffen des Europäischen Rats in Poertschach, Österreich, im Oktober 1998 wurde die Idee einer integrierten operationalen Strategie weiter entwickelt. Sie sollte sich an Flüchtlinge und Migranten aus Hauptursprungsländern wenden. Auf eine Initiative der niederländischen Regierung, eine „säulenübergreifende Sondereinheit“ für die Entwicklung eines solchen integrierten Migrationsansatzes einzurichten, wurde schließlich die „Hochrangige Gruppe für Asyl und Migration“ einberufen. Die Einrichtung der Arbeitsgruppe wurde am 29./30. Oktober 1998 vom Rat für Justiz und Inneres und am 6./7. Dezember 1998 vom Rat für Allgemeine Angelegenheiten gebilligt.[184]

Die Hochrangige Gruppe für Asyl und Migration sollte sich aus Experten und spezialisierten Beamten aus den nationalen Außen-, Entwicklungs-, Justiz- und Innenministerien zusammensetzen. Der Vorsitz sollte zwischen den Mitgliedsstaaten rotieren.

Am 25. Januar 1999 erhielt die Hochrangige Gruppe vom Rat für Allgemeine Angelegenheiten ihr Mandat, das zunächst bis zur Tagung des Europäischen Rates in Tampere im Oktober 1999 beschränkt blieb.[185] Die Hochrangige Gruppe wurde fortan vom Rat für Allgemeine Angelegenheiten geleitet, der sich jedoch in Konsultation mit dem Rat für Justiz und Inneres befand.

Zu den Zuständigkeitsbereichen der Hochrangigen Gruppe zählte die Bestandsaufnahme existierender Initiativen, wie das österreichische Strategiepapier, der britische Aktionsplan für den Irak, nationale Einschätzungen, Länderberichte des UNHCR und Material von CIREA und CIREFI[186]. Ebenso sollte eine Liste mit den wichtigsten Ursprungs- und Transitländern der Asylantragsteller und der Migranten erarbeitet werden. Der Kern der Arbeit bestand jedoch in der Ausarbeitung von Aktionsplänen für sechs ausgewählte Herkunftsländer von Wanderungsbewegungen in die EU. Der Rat für Allgemeine Angelegenheiten entschied sich für Afghanis-

183 Vgl. Klaauw: Building Partnerships. S. 24 f.

184 Vgl. ebd: S. 36 und Palomar, Teresa: Migration Policies of the European Union. Beitrag zum Projekt MigPol “Überblick über Zuwanderung, Integration, Asyl und Flüchtlingspolitik in den EU-Mitgliedsstaaten“ des Europäischen Migrationszentrums (EMZ), Berlin, S. 5, online im Internet: URL:http://www.emz-berlin.de/projekte_e/ pj32_1pdf/MigPol/MigPol_EU.pdf [Stand 9.5.2005].

185 Mandat der Hochrangigen Gruppe "Asyl und Migration" zur Erstellung von Aktionsplänen für einige der wichtigsten Herkunfts- und Transitländer von Asylbewerbern und Zuwanderern, 5264/2/99 (=Dokument des Rates).

186 CIREA: Im Juni 1992 eingerichtetes Informations-, Refelexions- und Austauschzentrum für Asylfragen. CIREFI: Nach dem Vorbild von CIREA 1994 eingerichtetes Informations-, Reflexions- und Austauschzentrum für Einwanderungsfragen.

tan/Pakistan, Albanien und Nachbarregion, Marokko, Somalia und Sri Lanka. Für den Irak sollte der Aktionsplan der britischen Ratspräsidentschaft überarbeitet werden. Die Aktionspläne sollten mit Rückgriff auf Instrumente der Außen- und Sicherheitspolitik, der Handels- und Entwicklungsbeziehungen, der Sozialpolitik, humanitärer Hilfe und der Immigrations- und Asylpolitik entwickelt werden. Dabei sollte eine Analyse zu den Ursachen der Migrations- und Fluchtbewegungen vorgenommen werden.[187]

5.1.2 Die Aktionspläne der Hochrangigen Gruppe für Asyl und Migration

Die Hochrangige Gruppe für Asyl und Migration erhielt den Auftrag, die Aktionspläne bis zur Tagung des Europäischen Rates in Tampere im Oktober 1999 auszuarbeiten.

In einem ungewöhnlich offenen und transparenten Prozess, so Johannes van der Klaauw[188], beteiligte die Hochrangige Gruppe den UNHCR, die Internationale Organisation für Migration (IOM), das Internationale Komitee vom Roten Kreuz und andere NRO an der Ausarbeitung der Aktionspläne. Im vorgegebenen Zeitrahmen entstanden Aktionspläne für Afghanistan und Nachbargebiete, Irak, Marokko, Somalia und Sri Lanka.[189]

In Ergänzung zu den ausgearbeiteten Aktionsplänen legte die Hochrangige Gruppe dem Europäischem Rat am 15. und 16. Oktober 1999 in Tampere einen Abschlussbericht vor. Dabei hielt sie fest:

> „Der Aktionsplan kann als ein erster Versuch der Europäischen Union betrachtet werden, einen umfassenden und kohärenten Ansatz zu bestimmen, der gezielt auf die Situation in verschienen wichtigen Herkunfts- und Transitländern von Asylbewerbern und Migranten eingeht."[190]

Jeder Aktionsplan enthält eine Analyse der politischen, menschenrechtlichen, wirtschaftlichen und humanitären Situation in den untersuchten Ländern und eine Analyse für die ausschlaggebenden Ursachen für Flucht und Migration. Vorgeschlagen werden operative Maßnahmen zur Zusammenarbeit mit den betroffenen Ländern in den Kategorien Außenpolitik, Entwicklungs- und Wirtschaftshilfe sowie Asyl und Migration.

So schlägt der Aktionsplan für Marokko im Bereich der Außenpolitik die Aufnahme eines ständigen Dialogs über Migrationsfragen zwischen der EU und Marokko vor. Die Zusammenarbeit in der Migrationspolitik konzentriert sich auf die Ein-

187 Vgl. Klaauw: Building Partnerships. S. 37 f.

188 Johannes van der Klaauw ist Mitarbeiter des UNHCR.

189 Auf Grund der humanitären Notlage auf dem westlichen Balkan (Kosovo) verzögerte sich die Annahme des Aktionsplans für Albanien bis zum Juni 2000.

190 Der Abschlussbericht der Hochrangigen Gruppe wurde vom Rat für Jusitz und Inneres veröffentlicht. 2203. Tagung des Rates „Justiz und Inneres", Luxemburg 4.10.1999, 11281/99, S. 5.

dämmung illegaler Migration von Marokko in die EU. Vorgeschlagen werden beispielsweise die Ausarbeitung gemeinsamer Strategien zur Bekämpfung von Schleuseraktivitäten, die Aushandlung von Rückübernahmeabkommen und die Durchführung von Informationskampagnen in Marokko, die die Bevölkerung über die Gefahren illegaler Einwanderung in die EU und die Möglichkeiten legaler Einreise informieren. Präventive Maßnahmen zur Ursachenbekämpfung von Migration sollen mit den Instrumenten der Entwicklungs- und Wirtschaftshilfe aufgegriffen werden. Die vorgeschlagenen Maßnahmen sind hier sehr allgemein gehalten: Der Aktionsplan fordert die Berücksichtigung der negativen Auswirkungen der Handelsliberalisierung und der Freihandelszonen auf den marokkanischen Arbeitsmarkt. Ebenso soll der Frage nachgegangen werden, wie Direktinvestitionen und Standortverlagerungen europäischer Unternehmen nach Marokko das wirtschaftliche Wachstum in Marokko fördern können. Maßnahmen der Entwicklungshilfe sollen sich vor allem auf die ärmsten Bevölkerungsgruppen konzentrieren. Besondere Berücksichtigung soll dabei die Bevölkerung in den Auswanderungsregionen des nördlichen Marokkos finden.[191]

Die Gestaltung der Aktionspläne der Hochrangigen Gruppe legt eine Differenzierung des integrierten Migrationsansatzes nahe. Werden Migrationsbelange in den Außenbeziehungen der EU mit einem Drittstaat berücksichtigt, so muss zwischen zwei Kooperationsformen unterschieden werden: Präventive Maßnahmen konzentrieren sich auf eine Reduzierung von Migrationsursachen im Herkunftsland. Regulierende Maßnahmen möchten Migrationsbewegungen besser kontrollier- und steuerbar machen.

Die Beachtung von Migrationsursachen findet vor allem im Bereich der Entwicklungshilfe ihre Umsetzung und bezieht sich im Schwerpunkt auf kooperative Unterstützung bei wirtschaftlichen, gesellschaftlichen und institutionellen Problemen im Drittland. Sie möchte die Faktoren verändern, die die Entscheidung des Einzelnen zur Auswanderung beeinflussen.[192]

Das Kooperationsziel bei regulierenden Maßnahmen besteht in erster Linie darin, unerlaubte Einreise in die EU-Mitgliedstaaten zu verhindern: Migration soll in geregelten Bahnen verlaufen. Zu den Maßnahmen zählen in erster Linie gemeinsamer Grenzschutz zur Verhinderung unerlaubter Einreise in die EU (betrifft Nachbarländer der EU) und der Kampf gegen Menschenhandel und Schleuserkriminalität. Hinzukommen die Stärkung der Verwaltungs-, Justiz- und Polizeikapazitäten zur Schaffung eines funktionierenden Asyl- und Migrationsystems im Drittland, das eine unerlaubte Einreise in die EU verhindert sowie die gemeinsame Erhebung und Aus-

191 Vgl. Aktionsplan für Marokko, 11426/99 (=Dokument des Rates), S. 13-20.
192 Diese Definition entspricht Boswell: European Migration Policies. S. 112.

wertung von Migrationsdaten und Informationskampagnen im Drittland über legale Einreisemöglichkeiten in die EU.[193]

Zur Umsetzung der Aktionspläne der Hochrangigen Gruppe wurde im Jahr 2001 die Haushaltslinie „Zusammenarbeit mit Drittländern im Bereich der Migration" (B7-667) eingerichtet. Mit Einführung der Haushaltslinie erhielt die Kommission ein erstes Instrument, um den Aktionsplänen entsprechend spezifischen Projekten der Mitgliedstaaten oder Internationaler Organisationen Unterstützung zukommen zu lassen.[194] Die Mittelausstattung der Haushaltslinie betrug 2001 10 Mio. €, 2002 12,5 Mio. € und 2003 20 Mio. €.[195]

In Marokko wurden zwischen 2001 und 2003 sechs Projekte mittels der Haushaltslinie B7-667 kofinanziert. Zwei Projekte bezogen sich auf die Unterstützung der marokkanischen Verwaltung bei der Bekämpfung illegaler Migration. Vier Projekte griffen die präventive Dimension des integrierten Migrationsansatzes auf. Hier konzentrierten sich die Projekte von Frankreich, Italien und den Niederlanden darauf, die Geldüberweisungen aus dem Ausland sowie das im Ausland erworbene Wirtschaftspotential der emigrierten Marokkaner zu kanalisieren und in ihren jeweiligen Heimatregionen in Marokko ökonomisch sinnvoll und entwicklungsfördernd einzusetzen.[196] Es zeigt sich, dass nicht nur auf EU-Ebene versucht wird, präventiv auf den Migrationsdruck in Richtung EU einzuwirken, sondern dass auch auf nationalstaatlicher Ebene Konzepte für die Einbeziehung von Migrationsbelangen in die Beziehungen mit Drittstaaten bestehen. In Marokko engagieren sich dabei die EU-Staaten, die zu den Hauptempfängerländern marokkanischer Migranten zählen.

5.1.3 Die Rolle der Kommission bei der Ausgestaltung des integrierten Migrationsansatzes

Im Oktober 1999 wurden dem Europäischen Rat in Tampere nicht nur die Aktionspläne der Hochrangigen Gruppe für Asyl und Migration vorgestellt, sondern die Staats- und Regierungschefs der EU bezogen den integrierten Migrationsansatz in die dort geführten Diskussionen näher mit ein.

In den Schlussfolgerungen des Vorsitzes wurde festgehalten, dass die Europäische Union ein umfassendes Migrationskonzept benötige,

193 Für einen Überblick über die Maßnahmen der Aktionspläne vgl. Bericht der Hochrangigen Gruppe für Asyl und Migration an den Europäischen Rat (Nizza),13993/00 JAI 152 AG 76 (=Dokument des Rates).

194 Vgl. Mitteilung von Kommissionsmitglied Vittorino an die Kommission, SEK(2001)1338/1.

195 Vgl. Mitteilung der Kommission an den Rat und das Europäische Parlament über die Einbeziehung von Migrationsbelangen in die Beziehungen der Europäischen Union zu Drittländern KOM(2002)703 endgültig, 3.12.2002, S. 44.

196 Vgl. Mitteilung der Kommission, KOM(2002)703, Anhang.

„...in dem die Fragen behandelt werden, die sich in Bezug auf Politik, Menschenrechte und Entwicklung in den Herkunfts- und Transitländern und –regionen stellen."

Zu den Erfordernissen an ein umfassendes Migrationskonzept zählen...

„...die Bekämpfung der Armut, die Verbesserung der Lebensbedingungen und der Beschäftigungsmöglichkeiten, die Verhütung von Konflikten und die Festigung demokratischer Staaten sowie die Sicherstellung der Achtung der Menschenrechte. Zu diesem Zweck werden die Union wie auch die Mitgliedstaaten ersucht, im Rahmen ihrer Befugnisse, die ihnen die Verträge verleihen, zu einer größeren Kohärenz der Innen- und Außenpolitik beizutragen..."[197]

Diese Aufforderung des Europäischen Rates war nicht zuletzt zurückzuführen auf ein deutsch-französisches Papier, das im Vorfeld von Tampere bereits die Debatte über Migration und Entwicklung aufgegriffen hatte. Das Papier spiegelte den Ansatz der Hochrangigen Gruppe wieder, indem es die Auffassung vertrat, dass eine wirksame Migrationssteuerung nur unter Berücksichtigung der Entwicklungsbedürfnisse in den Ursprungsländern möglich sei.[198] Der im Rahmen der Hochrangigen Gruppe für Asyl und Migration erarbeitete integrierte Migrationsansatz wurde so in die offiziellen Leitlinien der Unionspolitik übernommen.

Entsprechend der Forderungen von Tampere arbeiten seitdem die Generaldirektionen „Justiz und Inneres", „Außenbeziehungen" und „Entwicklung" zur Erarbeitung und Umsetzung des integrierten Migrationsansatzes zusammen. Sowohl bei der gemeinsamen Entwicklung von präventiven Maßnahmen zur Ursachenbekämpfung von Migration als auch bei Maßnahmen zur Eindämmung unerlaubter Einwanderung gilt für die Kommissionsbeamten, dass bestehende Prioritäten der Entwicklungspolitik und der Auswärtigen Beziehungen nicht unterlaufen werden dürfen.[199]

Der Europäische Rat von Sevilla im Juni 2002, der sich besonders mit dem Problem der illegalen Einwanderung beschäftigte, richtete nochmals die klare Aufforderung an die Kommission zur Bekämpfung der illegalen Einwanderung, alle geeigneten Instrumente im Rahmen der Außenbeziehungen der Europäischen Union zu nutzen. Dabei soll im Sinne von Tampere ein Konzept entwickelt werden, „das bei den tieferen Ursachen der illegalen Einwanderung ansetzt.".[200]

Sechs Monate später stellte die Kommission in einer Mitteilung an den Rat und das Europäische Parlament ihr Konzept für eine Einbeziehung von Migrationsbelangen in die Beziehungen der Europäischen Union zu Drittländern vor.[201]

197 Schlussfolgerungen des Vorsitzes, Europäischer Rat Tampere, Nr. 11.

198 Vgl. Niessen, Jan: International migration and relations with third countries: The European Union, Brüssel 2004. S. 2, online im Internet: URL:http://www.migpolgroup.com/publications/default.asp?action=publication&pubid=131 [Stand 9.5.2005].

199 Vgl. Boswell: European Migration Policies. S, 115 f.

200 Vgl. Schlussfolgerungen des Vorsitzes, Europäischen Rat Sevilla, 21. und 22. Juni 2002, 13463/02,Nr. 33.

201 Vgl. Mitteilung der Kommission, KOM(2002)703.

Die Kommission konzentriert sich in ihrer Mitteilung auf die Zusammenhänge zwischen Migration und Entwicklung. Dabei stellt sie ihre derzeitige Politik mit einer detaillierten Auflistung aller bisher durchgeführten Maßnahmen vor und nennt mögliche politische Entwicklungen für die Zukunft.

Zu Beginn hält die Kommission fest:

> „Die derzeitige Außenpolitik der Europäischen Gemeinschaft und ihre Programme zur Unterstützung der Menschenrechte, Festigung der Demokratie, Verringerung der Armut, Schaffung von Beschäftigung und insgesamt der Verbesserung der Wirtschaftslage in den Migrationsländern, Erhaltung des Friedens usw. wirken sich alle auf Migration aus, da sie sich mit den wichtigsten Faktoren beschäftigen, die zur Verringerung des Migrationsdrucks angegangen werden."[202]

Der politische Dialog mit Drittstaaten über Migrationsfragen wurde seit 1999 in allen mit der Gemeinschaft abgeschlossenen Assoziations- und Kooperationsabkommen berücksichtigt und schließt eine Diskussion über die Zusammenarbeit bei präventiven und regulierenden Maßnahmen mit ein. Ebenfalls bemüht sich die Kommission seit dem Gipfel von Tampere Migrationsbezüge in den Programmen mit Drittstaaten und Regionen herzustellen. Migrationsbelange wurden sowohl auf regionaler als auch auf nationaler Ebene in die Programme aufgenommen. Für die meisten Programme galt dies zum ersten Mal für den Zeitraum 2002-2004.[203]

Bei den Regionalprogrammen wurde vor allem den Regionen Aufmerksamkeit geschenkt, die sich an den Grenzen zur heutigen EU befinden, also dem Regionalprogramm MEDA für den Mittelmeerraum, dem Regionalprogramm CARDS für die westlichen Balkanländer und dem Regionalprogramm TACIS für Osteuropa und Zentralasien. In den drei genannten Regionalprogrammen beschränkt sich die multilaterale Zusammenarbeit jedoch auf migrationsregulierende Maßnahmen. In diesem Sinne wurden kooperative Maßnahmen zur Bekämpfung von organisierter Kriminalität, u. a. Schleuserkriminalität und Menschenhandel, eingeführt sowie mit einer unterstützenden Zusammenarbeit bei den Grenzkontrollen begonnen.[204]

Alle Nachbarländer der Europäischen Union, bei denen auf bilateraler Ebene Programme mit Migrationsbezug seit 2000 initiiert worden sind, werden von der Gemeinschaft im Bereich des Grenzmanagements unterstützt, so dass hier eine Zusammenarbeit sowohl auf multilateraler als auch auf bilateraler Ebene stattfindet. Zur besseren Migrationssteuerung in den Drittländern werden die meisten dieser Staaten auch im Bereich Justiz, Polizei und Verwaltung gefördert. Hier geht es beispielsweise um die Einführung effektiver Strukturen, Beamtenschulungen und einem Erfahrungsaustausch zwischen Fachbeamten. Insgesamt sollen, um mit den Herausforderungen starker Immigration und/oder Emigration umgehen zu können, die Kapazitäten der zuständigen Institutionen in den Drittländern gestärkt werden.

Bei genauerer Betrachtung der EU-Projekte mit Migrationsbezug auf bilateraler Ebene ergibt sich, dass seit 2000 die meisten dieser spezifischen Projekte mit Ma-

202 Mitteilung der Kommission KOM(2002)703, S. 7.
203 Vgl. Mitteilung der Kommission KOM(2002)703, S. 19.
204 Vgl. u. a. Mitteilung der Kommission KOM(2002)703, S. 19 ff.

rokko stattfanden.[205] Marokko ist zudem das erste Nachbarland, in dem die EU Migrationsursachen im Nachbarschaftsprogramm explizit berücksichtigt hat.[206]

Im Rahmen des integrierten Migrationsansatzes widmet die Kommission der Aushandlung von Rückübernahmeabkommen besondere Aufmerksamkeit. Entsprechend der Schlussfolgerungen des Europäischen Rates von Laeken am 14. und 15. Dezember 2001 soll bei der Einbeziehung von Migrationsbelangen in die Außenbeziehungen der Europäischen Union insbesondere die Aushandlung europäischer Rückübernahmeabkommen Priorität genießen.[207] Derartige Abkommen sehen die Wiederaufnahme von illegal in ein Hoheitsgebiet der EU-Mitgliedstaaten eingereisten Personen in ihr Heimatland vor. Die Kommission hält in ihrer Mitteilung 2002 fest, dass es sehr schwer sei, solche Abkommen mit Drittstaaten zu verhandeln, da sie als einseitiges Interesse der EU empfunden würden. Deshalb schlägt die Kommission vor, die Aushandlung von Rückübernahmeabkommen in eine umfassendere Kooperationsagenda miteinzubinden. Das bedeutet, dass diejenigen Drittstaaten, die sich zur Aushandlung von Rückübernahmeübereinkommen bereit erklären, besondere technische und finanzielle Hilfe beim Migrationsmanagement erhalten.[208] 2003 griff die Kommission in einem Verordnungsvorschlag diese Thematik auf, 2004 verabschiedeten Rat und Europäisches Parlament entsprechend des Kommissionsvorschlags eine Verordnung zur Einrichtung eines Programms für die finanzielle und technische Hilfe für Drittländer im Migrations- und Asylbereich (AENEAS)[209]. Das Programm AENEAS ist für die Jahre 2004 bis 2008 mit einem Finanzrahmen von 250 Mio. € ausgestattet. AENEAS löst die im Jahr 2001 zur Umsetzung der Aktionspläne der Hochrangigen Gruppe für Asyl und Migration eingeführte Haushaltslinie „Zusammenarbeit mit Drittländern im Bereich der Migration“ (B7-667) ab. Da der Zuschnitt der Haushaltslinie B7-667 bei der Mittelvergabe zu allgemein gehalten war, soll AENEAS die Maßnahmen, die mit Mitteln des Programms kofinanziert werden können, genauer definieren.[210] Dies garantiert eine größere Beteiligung staatlicher und nichtstaatlicher Organisationen aus Drittländern und EU-Mitgliedsländern. In der Hauptsache dienen jedoch georgaphische Instrumente wie

205 Vgl. Mitteilung der Kommission KOM(2002)703, Anhang 2a.

206 Vgl. Mitteilung der Kommission KOM(2002)703, Anhang 2a; dazu auch Boswell: European Migration Policies. S. 116.

207 Vgl. Schlussfolgerungen des Vorsitzes, Europäischer Rat von Laeken, 14. und 15. Dezember 2001, 00300/1/01, Nr. 40.

208 Vgl. Mitteilung der Kommission, KOM(2002)703, S. 27 f.

209 Vgl. Verordnung (EG) Nr. 491/2004 des Europäischen Parlaments und des Rates vom 10. März 2004 zur Einrichtung eines Programms für die finanzielle und technische Hilfe für Drittländer im Migrations- und Asylbereich (AENEAS).

210 Vgl. Reference Document for technical and financal assistance to third countries in the area of migration and asylum, online im Internet: URL:http://europa.eu.int/comm/europeaid/projects/eidhr/pdf/themes-migration-annexe2_en.pdf [Stand 25.8.2005].

das Regionalprogramm MEDA zur Finanzierung migrationspolitischer Maßnahmen, AENEAS stellt lediglich eine Ergänzung hierzu dar.[211]

In Art. 1 Abs. 2 der Verordnung wird festgehalten, dass das AENEAS-Programm vor allem für die Drittländer bestimmt ist, die mit der Europäischen Gemeinschaft über Rückübernahmeabkommen verhandeln oder letztere schon unterzeichnet haben. Die Maßnahmen, die mit der finanziellen Unterstützung von AENEAS durchgeführt werden sollen, konzentrieren sich im Schwerpunkt auf Projekte im Bereich der Migrationsregulierung, wie Verbesserung des gemeinsamen Grenzschutzes, Bekämpfung der Schleuserkriminalität, Ausbau der Verwaltungskapazitäten, Informationskampagnen, Datenerhebungen usw.. Wiederum lässt sich feststellen, dass die meisten durch das AENEAS-Programm kofinanzierten Projekte in Marokko durchgeführt werden. 2004 wurden sechs solcher Projekte kofinanziert. Drei der Projekte zielen auf die Reintegration rückgeführter marokkanischer Europamigranten in Marokko und unterstreichen damit die Ausrichtung des AENEAS-Programms auf Staaten, die mit der EU in der Aushandlung von Rückübernahmeabkommen stehen oder diese schon unterzeichnet haben.[212]

Mit der Mitteilung „Migration und Entwicklung: Konkrete Leitlinien“[213] kam die Kommission im September 2005 den Forderungen des Europäischen Rates im Rahmen des Haager Programms[214] und den Schlussfolgerungen des Rates für Allgemeine Angelegenheiten im Mai 2003 nach, die Überlegungen zu diesem Themenkomplex weiter auszubauen. Als Handlungsfelder für die Zukunft schlägt die Kommission hier Initiativen zur entwicklungsfördernden Steuerung von Migration vor. Dazu zählt sie die Kanalisierung von Überweisungen, die Erleichterung der Einbeziehung der Diaspora-Mitglieder, die bereit sind, sich für die Entwicklung in ihrem Heimatland zu engagieren, die Förderung zirkulärer Migration sowie die Eingrenzung der Negativeffekte des sogenannten Braindrain[215]. Mit der Zielsetzung durch eine bessere Migrationssteuerung, die Entwicklung im Ursprungsland zu fördern, greift die Kommission einen Konsens migrationspolitischer Forschung auf, wie er bereits in Berichten, auf Tagungen und in wissenschaftlichen Veröffentlichungen zum Ausdruck gekommen ist.[216] Vorbereitet wurde diese neue Ausrichtung präventiver

211 Vgl. Mitteilung der Kommission an das Europäische Parlament und den Rat über ein Thematisches Programm für die Zusammenarbeit mit Drittländern in den Bereichen Migration und Asyl, KOM(2006)26 endgültig, 25.01.2006, S. 8.

212 Vgl, KOM(2006)26, Anhang I.

213 Vgl. Mitteilung der Kommission KOM(2005)309 endgültig, 01.09.2005.

214 Vgl. Schlussfolgerungen des Vorsitzes, Europäischer Rat von Brüssel, 4. und 5. November 2004, 14292/04/Anlage 1.

215 „Braindrain“ bezeichnet die Abwanderung von besonders ausgebildeten oder talentierten Menschen aus einem Land.

216 Vgl. u.a. Global Commission on International Migration (GCIM): Migration in einer interdependenten Welt: Neue Handlungsprinzipien, Bericht Oktober 2005, Seminar des International Center for Migration Policy Development in Kopenhagen, 27./28. Januar 2005, zum Thema „Better managing migration for more development“.

Migrationspolitik bereits durch die AENEAS-Richtlinie. In ihr heißt es, dass unter anderem auch Aktionen unterstützt werden, die einen „Beitrag der Migranten zur sozialen und wirtschafltichen Entwicklung der Gemeinschaften in ihrem Herkunftsland“ fördern.[217] Die Umsetzung dieses neuen Schwerpunktes durch die Kommission bleibt noch abzuwarten.

Festgestellt werden kann, dass die Europäische Kommission seit den Aufforderungen des Europäischen Rates von Tampere den integrierten Migrationsansatz kontinuierlich in die Entwicklungspolitik und die Außenbeziehungen der Gemeinschaft miteinbezogen hat. Das Vorgehen gegen Migrationsursachen findet jedoch eine schwächere Berücksichtigung in den Beziehungen der Kommission mit Drittländern als die Zusammenarbeit und Unterstützung bei Maßnahmen zur Migrationsregulierung, wie das AENEAS-Programm und die Nachbarschaftsprogramme der EU zeigen. Die jüngste Mitteilung der Kommission zum Thema „Migration und Entwicklung“ lässt erwarten, dass die EU sich in Zukunft verstärkt um eine Migrationssteuerung zu Gunsten einer positiven Entwicklung im Ursprungsland bemühen wird. Hier knüpft auch der Vorschlag der Kommission für ein neues thematisches Programm für die Zusammenarbeit mit Drittländern in den Bereichen Migration und Asyl an. Für den Zeitrahmen 2007-2013 schlägt die Kommission ein thematisches Programm vor, dass sich zwar an AENEAS orientiert, jedoch nicht ausschließlich auf eine Reduzierung des Migrationsdrucks zielt, sondern auch dem Bedarf ausländischer Arbeitskräfte auf dem europäischen Arbeitsmarkt gerecht wird, also die legale Arbeitskräftemigration fördert und – im Sinne des oben beschriebenen neuen Ansatzes der Kommission – gezielt die positiven Wechselwirkungen zwischen Migration und Entwicklung unterstützt.[218]

5.1.4 Die Einordnung des integrierten Migrationsansatzes in den europäischen Integrationsprozess

Der integrierte Migrationsansatz stellt eine Verknüpfung von drei verschiedenen Politikbereichen dar: Belange des Politikbereiches „Justiz und Inneres“ werden mit Instrumenten aus dem Bereich „Außenbeziehungen“ und „Entwicklungshilfe“ umgesetzt. Diese Verbindung erklärt sich aus dem Integrationsprozess der Europäischen Union seit Anfang der 1990er Jahre und aus der Tatsache, dass sich die Einwanderungspolitik nach der Phase aktiver Anwerbepolitik europäischer Staaten in der Folgezeit zu einer Angelegenheit der inneren Sicherheit entwickelt hat.

Trotz restriktiver migrationspolitischer Maßnahmen seit den 1970er Jahren konnte der Einwanderungsdruck nach Europa nicht gebremst werden.[219] Die Politisierung

217 Vgl. Art. 2 Abs. 2 Buchst. c der Verordnung (EG) Nr. 491/2004

218 Vgl. KOM(2006)26, S. 10.

219 Vgl. Gliederungspunkt 2.2.2.

der Einwanderung in Medien und Öffentlichkeit setzte die nationalen Regierungen unter Druck.[220] Das Problem mangelnder politischer Beeinflussbarkeit der Migrationsströme, der Druck der Öffentlichkeit, der die nationalen Regierungen unter Erfolgszwang setzte und die daraus resultierende Behandlung der Einwanderungspolitik als eine Angelegenheit der inneren Sicherheit, sind wichtige Voraussetzungen für die gestiegene Kooperationsbereitschaft der EU-Mitgliedstaaten in diesem Politikfeld.

Der Folgeprozess von intensivierter Zusammenarbeit, beginnender Harmonisierung der einzelstaatlichen Politiken und schließlich ein erster Ansatz zur Vergemeinschaftung bestimmter Teilbereiche der Asyl- und Migrationspolitik hat seinen Ursprung in der Einheitlichen Europäischen Akte und im Schengener Übereinkommen. Die Einheitliche Europäische Akte von 1986 legte fest, den Binnenmarkt bis 1992 zu vollenden. Damit griffen die Mitgliedstaaten eine seit dem Vertrag zur Gründung der Europäischen Wirtschaftsgemeinschaft (EWG) von 1957 noch nicht umgesetzte Zielsetzung erneut auf. Zu den Kernbestandteilen eines Binnenmarktes und damit eines Gemeinsamen Marktes zählen die Freizügigkeit von Waren, Personen, Dienstleistungen und Kapital. Um einen „Raum ohne Binnengrenzen"[221] verwirklichen zu können, wurde seit Mitte der 1980er Jahre auch der Abbau der Personenkontrollen an den Binnengrenzen der Gemeinschaft angestrebt. Mit dem Schengener Übereinkommen von 1985 zwischen Deutschland, Frankreich und den BENELUX-Staaten wurde dieser Prozess auf zwischenstaatlicher Ebene, außerhalb des EG-Rechts, eingeleitet und mit einem Durchführungsübereinkommen, das 1990 unterzeichnet wurde und 1995 in Kraft trat, umgesetzt. Dem Schengener Übereinkommen schlossen sich, mit Ausnahme von Großbritannien und Irland, alle Mitgliedstaaten der EU-15 an.

Die Einführung des freien Personenverkehrs drängte die Mitgliedstaaten gleichzeitig zu einer Zusammenarbeit bei der gemeinsamen Sicherung ihrer Außengrenzen und beim Zugang von Drittstaatsangehörigen zu den Hoheitsgebieten der Mitgliedstaaten. Der Abbau der Binnengrenzen auf der einen Seite hatte somit die Stärkung der Kontrolle der gemeinsamen Außengrenze auf der anderen Seite zur Folge: Das Wirtschaftsprojekt „Binnenmarkt" führte zu einem internen Sicherheitsprojekt. Hier kann von einem technokratisch und wirtschaftlich geschaffenen „spill-over"-Effekt gesprochen werden. Die These von „spill-over"-Effekten im Europäischen Integrationsprozess entstammt der neorealistischen Theorie, deren Hauptvertreter Ernst B. Haas ist. Die Theorie von Haas basiert auf Untersuchungen über den Integrations-

220 Vgl. Boswell: European Migration Policies. S. 99; Samers, Michael: An Emerging Geopolitics of „illegal" Immigration in the European Union, in: European Journal of Migration and Law, Nr. 6/2004, S. 27-45, hier: S. 29; Hermele, Kenneth: The Discourse on Migration and Development, in: Hammar, Thomas u.a. (Hg.): International Migration, Immobility and Development. Multidisciplinary Perspectives, S. 133-158, hier: S. 150-155.

221 Art. 14, Abs. 2 EGV.

prozess der EWG.[222] Wenn in einem bereits integrierten Politikbereich ein formuliertes Ziel auf Grund unzureichender Zusammenarbeit in bisher noch nicht integrierten Politikfeldern nicht erreicht werden kann, dann steigt der Druck, auch diese Politikfelder gemeinsam zu bearbeiten. Dieses sogenannte „funktionale spill-over" geht vor allem von wirtschaftlichen Integrationsvorgängen aus.[223] Der Staat als nationaler Akteur transferiert in solch einem Prozess seine Loyalität von der nationalen zur neu geschaffenen supranationalen Ebene. Auch wenn die neofunktionalistische Theorie Anfang teilweise revidiert worden und von anderen Theoriesträngen abgelöst worden ist, so hat sie dennoch ihre Gültigkeit zur Erklärung bestimmter Integrationsphänomene nicht verloren.[224]

Sowohl Wilhelm Knelangen als auch Jef Huysmans nutzen diese Theorie, um das Zustandekommen der Zusammenarbeit im Bereich Justiz und Inneres auf EU-Ebene zu erklären. Bei der Umsetzung des Politikziels der Personenfreizügigkeit gingen alle Mitgliedstaaten von der Prämisse aus, dass dies nur zu erreichen sei, wenn zuvor durch kooperative Zusammenarbeit im Politikfeld „Innere Sicherheit" eine Einigung über gemeinsame Standards erzielt werden kann. Dies lässt sich als „funktionaler spill-over"-Effekt interpretieren.[225]

Entgegen der Aussagen der neofunktionalistischen Theorie führte der „spill-over"-Effekt jedoch nicht zu einer supranationalen Kooperation in diesem Politikfeld, sondern zu einer intergouvernementalen Konstruktion in Form des Schengener Übereinkommens. Auf Grund der durch den Grenzkontrollabbau hervorgerufenen Interdependenz bestand zwar der Wille zur Kooperation. Die Souveränitätsgeladenheit[226] des Politikfeldes „Justiz und Inneres" und die Vetostimme Großbritanniens auf Gemeinschaftsebene ließen die Schengen-Staaten jedoch nur auf intergouvernementale Kooperation eingehen. Schengen ist als ein Regime zu verstehen, das es ermöglichte, zur Umsetzung des freien Personenverkehrs gemeinsame Vorschriften bezüglich der Erteilung von Visa, des Asylrechts und der Kontrolle der Außengrenze zu erlassen.[227]

Zur stringenten Erklärung der mit Schengen angestoßenen integrationspolitischen Entwicklungen muss daher noch eine weitere Integrationstheorie herangezogen

222 Vgl. Haas, Ernst B.: The Uniting of Europe. Political, Social and Economic Forces 1950-1957, South Bend 2004.

223 Die Terminologie des „funktionalen" spill-over-Effekts findet sich bei Haas nur implizit. Knelangen hat deshalb auf die Terminologie von Tranholm-Mikkelsen zurückgegriffen; vgl. dazu Tranholm-Mikkelsen, Jeppe: Neo-functionalism: Obstinate or Obsolete? A Reappraisal in the Light of the New Dynamism of the EC, in: Millenium, Nr. 1/1991, S. 1-22.

224 Vgl. Behrens, Henning/Paul Noack: Theorien der Internationalen Politik, München 1984. S. 138 ff.; Knelangen: Das Politikfeld innere Sicherheit. Die Entstehung einer europäischen Politik der inneren Sicherheit, Opladen 2001. S. 47 ff.

225 Vgl. Huysmans, Jef: The European Union and the Securitization of Migration, in: Journal of Common Market Studies, Nr. 5/2000, S. 751-777, hier: S. 759 f. und Knelangen, Wilhelm: Das Politikfeld innere Sicherheit im Integrationsprozess, o. O. 2001. S. 134.

226 Der Begriff der Souveränitätsgeladenheit stammt von Knelangen.

227 Vgl. Knelangen: Das Politikfeld innere Sicherheit. S. 132-138.

werden. Andrew Moravcsik, der den europäischen Integrationsprozess aus einem intergouvernementalistischen Blickwinkel heraus beschreibt, sieht Kooperation in erster Linie als ein Mittel der Nationalstaaten, um den negativen Abhängigkeiten, die transnationale Prozesse hervorrufen können, zu begegnen. Die Abgabe nationaler Kompetenz und damit die Vergemeinschaftung bestimmter Politikbereiche erfolgt nur in dem Maße, in dem damit auch Vorteile gewonnen werden können. Für die nationalstaatliche Macht dürfen damit keine wesentlichen Kosten und Risiken verbunden sein und die souveräne Macht einer nationalen Regierung darf dadurch nicht in Frage gestellt werden.[228] Der Bereich Justiz und Inneres ist ein traditionell nationalstaatlicher Politikbereich. Ein vitales Interesse des Staates ist es, in seinem Inneren Ordnung, Sicherheit und Recht zu wahren. Darin liegen die Basis und gleichzeitig der Schutz für souveränes Regieren und die Gewährleistung von rechtsstaatlichen Grundrechten und Demokratie. Legt wachsende Interdependenz eine Zusammenarbeit in diesem Politikbereich auf Grund wichtiger Vorteile nahe, so scheint nach der nationalstaatlichen Logik eine intergouvernementale Zusammenarbeit angebrachter als eine Abgabe der Kompetenz an die supranationale Ebene der EU. Die eigene souveräne Macht bleibt auf diese Weise grundsätzlich erhalten.

Dies wird auch bei dem in Maastricht verabschiedeten Vertragstext zur Gründung der Europäischen Union am 7. Februar 1992[229] deutlich. Die Staats- und Regierungschefs der Europäischen Gemeinschaften entschlossen sich, die Zusammenarbeit im Bereich „Justiz und Inneres“ als dritten Pfeiler in die Europäische Union zu integrieren. Die dritte Säule steht außerhalb des EG-Rechts und basiert auf intergouvernementaler Zusammenarbeit mit nur sehr eingeschränkter Beteiligung von Europäischem Parlament und Kommission. Zu den im Vertrag über die Europäische Union (EUV) unter Titel V[230] genannten Politikbereichen gemeinsamen Interesses zählten auch die Asyl- und Einwanderungspolitik. Auf diese Weise wurde zwar eine vertragliche Grundlage für den Bereich „Justiz und Inneres“ geschaffen, gleichzeitig konnte aber mit Hilfe der Säulenkonstruktion an der intergouvernementalen Kooperationsform festgehalten werden.

Wie Knelangen festgestellt hat, zeichnet sich das gesamte Politikfeld „Justiz und Inneres“ durch eine starke Ausprägung nationaler Souveränitätsansprüche aus. Das heißt, nationale Kooperationsbestrebungen können einerseits von einem Kosten-/ Nutzenkalkül angetrieben, andererseits jedoch durch nationale Souveränitätsvorbehalte gleichzeitig auch wieder ausgebremst werden.[231]

228 Vgl. Moravscik Andrew: Preferences and Power in the European Community: A Liberal Intergovernmentalist Approach, in: Journal of Common Market Studies, Nr. 4/1993, S. 473-524, hier: S. 485 f.

229 In Kraft getreten am 1.11.1993.

230 Vertrag zur Gründung der Europäischen Union 1992, online im Internet: URL: http://www.europa.eu.int/eur-lex/lex/de/treaties/dat/11992M/htm/11992M.html#0001000001 [Stand 8.8.2005].

231 Vgl. Knelangen: Das Politikfeld innere Sicherheit. S. 155-159.

Ergänzend hält Veronica Tomei stellt für die Migrationspolitik, als Teilbereich des Politikfeldes „Justiz und Inneres", fest: Kooperation in der Migrationspolitik muss auf Grund der Souveränitätsgeladenheit autonomieschonend sein.[232]

Trotz nationaler Souveränitätsvorbehalte war aber eine Kooperation in der Migrationspolitik zu Beginn der 1990er Jahre erwünscht. Die migrationspolitische Situation war in einzelnen EU-Staaten von einem Gefühl der Krise und der Nichtbeherrschbarkeit der Wanderungsströme geprägt. Verschärft wurde dies durch negative Erwartungen im Hinblick auf den Wegfall der Binnengrenzen zwischen den Schengen-Staaten.[233] Das damit verbundene Gefühl der Interdependenz zwischen den Mitlgiedstaaten ließ Schweden schließlich den Vorschlag zur Schaffung einer säulenübergreifenden Arbeitsgruppe machen und führte infolge zur Einrichtung der Hochrangigen Gruppe für Asyl und Migration. Der schwedische Vorschlag entstand aus der Besorgnis darüber, dass es den Mitgliedstaaten, besonders denen des Südens, nicht gelang, mit der wachsenden unerlaubten Einwanderung umzugehen. Ebenso beunruhigte die schwedische Delegation im Ministerrat, dass dem Missbrauch der Asylsysteme in den Mitgliedstaaten noch nicht in ausreichendem Maße begegnet werden konnte.[234]

Die Ausarbeitung der Aktionspläne durch die Hochrangige Gruppe vollzog sich unter nationalstaatlicher Kontrolle. Dadurch, dass sich die Hochrangige Gruppe unter der Obhut des Rates für Allgemeine Angelegenheiten befand, unterstand die Ausgestaltung des Ansatzes zwar einem Gemeinschaftsorgan, der Einfluss der nationalen Regierungen war auf diese Weise aber dennoch gewährleistet.

Die Weiterentwicklung des Ansatzes der Hochrangigen Gruppe und schließlich die aktive Einbindung der Kommission erklären sich aus dem wachsenden Bedürfnis, die Migrationspolitik stärker in den Gemeinschaftsrahmen mit einzubinden.

Mit Inkrafttreten des 1997 verabschiedeten Vertrags von Amsterdam wurden zum 1. Mai 1999 die Asyl- und Einwanderungspolitik in das Gemeinschaftsrecht überführt. Mit der Einbindung in das Institutionen- und Handlungsgefüge der Gemeinschaft können Gemeinschaftsrechtsakte einschließlich Verordnungen und Richtlinien erlassen werden. Die Vergemeinschaftung der Migrationspolitik beschränkt sich aber auf bestimmte Teilbereiche. Tomei betont, dass es sich dabei um die Bereiche handelt, in denen die Mitgliedstaaten bereits in den Jahren zuvor ihre Bereitschaft zur Zusammenarbeit getestet hatten und kooperativ tätig geworden sind.[235] Großbritannien, Irland und Dänemark, als Vetomächte einer Vergemeinschaftung, beteiligen sich jedoch nur auf Wunsch an den Arbeiten auf Grundlage von Titel IV

232 Vgl. Tomei, Veronica: Europäisierung nationaler Migrationspolitik. Eine Studie zur Veränderung von Regieren in Europa, Stuttgart 2001. S. 49 f.

233 Für eine ausführlichere Darstellung siehe Tomei: Europäisierung nationaler Migrationspolitik. S. 20-24.

234 Vgl. Klaauw: Building Partnerships. S. 36, vgl. dazu Vermerk der niederländischen Delegation, 1334/98 LIMITE JAI 37 AG 15 (=Dokument des Rates).

235 Vgl. Tomei: Europäisierung nationaler Migrationspolitik S. 57.

EGV. Weitere Kompromisse stellen das Festhalten an der Einstimmigkeit für einen Übergangszeitraum von fünf Jahren sowie das geteilte Initiativrecht für Rechtsakte zwischen Kommission und einem Mitgliedstaat dar. Erst diese Sonderregelungen sowie die Nichtbeteiligung der Vetomächte ließen, nach Einschätzung von Knelangen, eine Vergemeinschaftung der Asyl- und Migrationspolitik zu.[236]

Neu ist die Amsterdamer Zielsetzung, die EU als einen Raum der Freiheit, der Sicherheit und des Rechts zu erhalten und weiterzuentwickeln. In Verbindung mit geeigneten Maßnahmen in Bezug auf die Kontrollen der Außengrenzen, das Asyl, die Einwanderung sowie die Verhütung und Bekämpfung der Kriminalität soll der freie Personenverkehr gewährleistet werden.[237] Auf diese Weise wird ein expliziter Bezug der flankierenden Maßnahmen „Schutz der Außengrenzen", „Asyl", „Einwanderung" und „Kriminalitätsverhütung / -bekämpfung" zum übergeordneten Gemeinschaftsziel „Personenfreizügigkeit" hergestellt.[238] Tomei hält dazu fest:

> „Damit sind die migrationspolitischen Bereiche nicht nur aufgewertet worden, dass sie in den Gemeinschaftsrechtsrahmen eingefügt worden sind, sondern sie haben zudem eine zentrale Rolle bei den Kernzielen der Union zugesprochen bekommen."[239]

Auf dem Gipfeltreffen von Tampere im Oktober 1999 widmeten sich die Staats- und Regierungschefs der EU-Mitgliedstaaten zum ersten Mal ausschließlich innen- und justizpolitischen Materien und legten die Prioritäten auf dem Weg zu einer Union der Freiheit, der Sicherheit und des Rechts fest. Wie bereits erwähnt, wurde im Rahmen des Gipfeltreffens auch der integrierte Migrationsansatz erörtert und in die offiziellen Leitlinien des Europäischen Rates übernommen. Als eine prioritäre Zielsetzung zur Verwirklichung eines Raums der Freiheit, der Sicherheit und des Rechts betraf die Umsetzung des integrierten Migrationsansatzes nun die Union als Ganzes und damit auch die Europäische Kommission. Die Einbettung der Asyl- und Migrationspolitik in den Gemeinschaftsrahmen mit dem Vertrag von Amsterdam und die Zielsetzungen von Tampere machten fortan die Erörterung migrationspolitischer Fragen auf Gemeinschaftsebene möglich.

Da die Kommission nicht dem Wählerdruck der Bevölkerung ausgesetzt ist, dadurch nicht im Rhythmus der Legislaturperioden unter kurzfristigem Erfolgszwang steht und Ergebnisse präsentieren muss, scheint der integrierte Migrationsansatz und insbesondere die Ursachenbekämpfung von Migration, als ein langfristig angelegter Prozess, in der Kommission richtig beheimatet zu sein. Dies entspricht der Beobachtung, dass sich langfristig angelegte Strategien auf Gemeinschaftsebene unter Feder-

236 Vgl. Knelangen: Das Politikfeld innere Sicherheit. S. 345. Zu erwähnen ist auch, dass mit dem Vertrag von Amsterdam der Schengen-Besitzstand in den Unionsrahmen überführt wurde.

237 Vgl. Art. 2 EUV Abs. 4.

238 Vgl. Monar, Jörg: „Ein Raum der Freiheit, der Sicherheit und des Rechts": Perspektiven nach dem Vertrag von Amsterdam und dem europäischen Recht, in: Jopp, Mathias/Andreas Maurer/Otto Schmuck (Hg.): Die Europäische Union nach Amsterdam. Analysen und Stellungnahmen zum neuen EU-Vertrag, Bonn 1998, S. 127-154, hier: S. 130.

239 Tomei: Europäisierung nationaler Migrationspolitik. S. 69.

führung der Kommission oft besser entwickeln können als auf nationalstaatlicher Ebene.[240]

5.2 Die Anwendung des integrierten Migrationsansatzes auf die Kooperationspolitik mit Marokko

Die Betrachtung der Kommissionsstrategie bei der Einbeziehung des integrierten Migrationsansatzes in die Nachbarschafts- und Kooperationspolitik mit Drittstaaten hat die herausgehobene Position Marokkos deutlich gemacht: Marokko ist der Drittstaat, in dessen Beziehungen mit der EU die Kommission bislang am umfassendsten Migrationsbelange berücksichtigt hat.

Nachdem nun die Entstehung eines säulenübergreifenden Ansatzes in der Migrationspolitik dargestellt worden ist, soll in einem weiteren Schritt untersucht werden, inwieweit die Europäische Union in ihrer Nachbarschaftspolitik mit Marokko Migrationsursachen – als Teil des integrierten Migrationsansatzes – berücksichtigt.

5.2.1 Die Berücksichtigung des Ansatzes in der Nachbarschaftspolitik des Barcelona-Prozesses

Die Beziehungen zwischen der EU und Marokko sind Teil der Europa-Mittelmeer-Partnerschaft, die 1995 auf der Konferenz von Barcelona in Form der Barcelona-Deklaration zwischen der EU und den damals zwölf Nicht-EU-Mittelmeerstaaten initiiert worden ist. Die Eckpunkte der Erklärung von Barcelona konzentrieren sich auf drei Bereiche: Die Einführung eines verstärkten politischen Dialogs mit besonderer Beachtung sicherheitspolitischer Fragen, die Schaffung einer Zone des Wohlstandes mit dem Ziel einer Freihandelszone sowie die Etablierung einer sozialen und kulturellen Partnerschaft. Der Weg zu dieser umfassenden Partnerschaft wird als Barcelona-Prozess umschrieben und verläuft sowohl auf regionaler als auch auf bilateraler Ebene.

Wichtiger Bestandteil auf bilateraler Ebene ist die individuelle Aushandlung von Assoziationsabkommen zwischen der EU und dem jeweiligen Nachbarstaat. Darin werden die Grundprinzipien der Europa-Mittelmeerpartnerschaft aufgegriffen und insbesondere die individuellen Vereinbarungen für den schrittweisen Aufbau einer Freihandelszone getroffen. Sowohl Europäischer Rat als auch Kommission sehen in der Handelsliberalisierung und dem Ausbau der Wirtschaftsbeziehungen indirekte Instrumente zur Reduzierung des Migrationsdrucks.[241] Diese Nebenwirkung der an sich wichtigsten Säule des Barcelona-Prozesses bezeichnen Ralph Rotte und Micha-

240 Vgl. Boswell: European Migration Policies. S. 117.
241 Vgl. Schlussfolgerungen des Vorsitzes, Europäischer Rat von Sevilla, 13463/02, Nr. 33

el Vogler als eine der Hauptmotivationen für die Initiierung der Mittelmeer-Partnerschaft seitens der EU.[242]

Zur Implementierung der Europa-Mittelmeerpartnerschaft wurde das MEDA-Programm als das grundlegende Finanzinstrument der EU eingerichtet. Es bietet den Nachbarländern am Mittelmeer sowohl technische als auch finanzielle Unterstützung bei der Durchführung wirtschaftlicher und sozialer Reformen. 12% der MEDA-Mittel sind für die regionale Kooperation zwischen der EU und den südlichen Nachbarländern vorgesehen. Mit über 80% fließen die meisten Gelder von MEDA jedoch in die bilaterale Zusammenarbeit. Um im Rahmen der bilateralen Kooperation Mittel von MEDA zugeteilt zu bekommen, müssen auf kooperativem Wege zwei- bis dreijährige Nationale Richtprogramme ausgearbeitet werden, denen wiederum ein fünfjähriges Strategieprogramm zu Grunde liegt. Dasselbe Verfahren gilt für regionale MEDA-Mittel.

Schon zu Beginn des Barcelona-Prozesses wurde die Kooperation im Bereich der Migration als ein wichtiges Element betrachtet. So wurde in Barcelona festgehalten, durch engere Kooperation den Migrationsdruck aus den Mittelmeerländern in Richtung EU zu reduzieren. Angesichts der Problematik illegaler Einwanderung wurde zudem die Vereinbarung von Rückübernahmeeinkommen angesprochen.[243] Die EU und die Mittelmeerländer vertraten hier jedoch von Anfang an unterschiedliche Standpunkte: Die EU sah in der Mittelmeer-Partnerschaft ein sehr wichtiges Instrument im Kampf gegen die illegale Einwanderung. Den Mittelmeerländern war am Schutz ihrer Emigrantengemeinschaften in Europa und an der Erhaltung der Geldüberweisungen der Emigranten aus Europa in die Heimat als wichtiger Wirtschaftsfaktor gelegen. Die folgenden Jahre erwiesen sich daher für eine Kooperation im Bereich der Migrationspolitik als Sackgasse. Während die Kooperation vor allem in den ersten beiden Körben mit den Schwerpunkten Sicherheit und Wirtschaft voranschritt, blieb der dritte Korb, dem in Barcelona auch die Migrationspolitik zugeordnet worden war, eine Art Anhängsel.[244]

Zu erwähnen sind daher die Ergebnisse der Euromed-Konferenz 2002 in Valencia. Hier wurde für eine Kooperation auf regionaler Ebene das Programm MEDA JI verabschiedet. Es fördert die Zusammenarbeit im Bereich „Justiz und Inneres“ und besteht aus den Komponenten „Justiz“, „Polizei“ und „Migration“. Zu betonen ist, dass seitdem Fragen der Migration, des Menschenhandels und des Personenverkehrs nicht mehr als rein interne, nationalstaatliche Angelegenheiten betrachtet werden, sondern nun auch ein eigenständiges Element der euro-mediterranen Beziehungen auf regionaler Ebene sind. Die Zusammenarbeit im Bereich Migration konzentriert

242 Vgl. Rotte, Ralph/Michael Vogler: Determinants of international migration: Empirical Evidence for Migration from Developing Countries to Germany, IZA Discussion Paper No. 12. München 1998. S. 11.

243 Vgl. Erklärung von Barcelona, 27./28.11.1995, online im Internet: URL: http://europa.eu.int/comm/external-relations/euromed/bd.htm [Stand 28.04.2005].

244 Vgl. Pastore: Aenea's Route. S. 110 f.

sich auf den Datenaustausch und soll auch für die Jahre 2005 und 2006 weiter ausgebaut werden.[245] Das Analyse- und Informationssystem für Migrationsbewegungen dient in erster Linie der Eindämmung illegaler Einwanderung.

Im Rahmen der bilateralen Kooperation wurden seit 1995 Assoziationsabkommen mit Ägypten, Algerien, Tunesien und Marokko geschlossen. In den Assoziationsabkommen wird in einigen Punkten, wenn auch in unterschiedlichem Maße, Bezug auf Migrationsbelange genommen. Das Assoziationsabkommen mit Marokko[246] trat zum 1. März 2000 in Kraft. In Art. 68 wird ein Dialog über alle sozialen Fragen vereinbart. Im Gegensatz zum 1976 abgeschlossenen Handels- und Kooperationsabkommen zwischen der EU und Marokko, das sich noch auf die soziale und wirtschaftliche Integration von marokkanischen Staatsbürgern in der EU konzentrierte, beschäftigt sich das Assoziationsabkommen vorrangig mit Migrationsfragen. So soll der Dialog zwischen der EU und Marokko Probleme im Zusammenhang mit Migration, insbesondere illegaler Einwanderung in die EU, und die Rückkehr illegal Eingereister aufgreifen. Bei der Kooperation im sozialen Bereich genießt die Migration oberste Priorität und wird an erster Stelle genannt. Zur Verringerung des Migrationsdrucks soll sich die gemeinsame Kooperation auf die Verbesserung der Lebensbedingungen und der Arbeitsmarktsituation in den Auswanderungsregionen Marokkos konzentrieren.[247] Die Reduzierung von Migrationsursachen nimmt folglich eine wichtige Rolle in den bilateralen Beziehungen der EU mit Marokko ein.[248]

Zur Implementierung der Assoziationsabkommen wurden als gemeinsame Institutionen und Kommunikationsforen der Assoziationsrat auf Ministerebene und der Assoziationsausschuss auf Beamten- und Expertenebene geschaffen. Diese Gremien zur Institutionalisierung des Dialoges zwischen der EU und Marokko halfen der Hochrangigen Gruppe für Asyl und Migration im Jahr 2000 einen ständigen Dialog über Migrationsfragen einzuführen und damit einen ihrer wesentlichen Projektvorschläge des Aktionsplans für Marokko umzusetzen.[249] Dazu reiste vom 2. bis 4. Oktober 2000 eine Delegation der Hochrangigen Gruppe für Asyl und Migration nach Rabat. Während der Gespräche machten die marokkanischen Behörden darauf aufmerksam, dass der Aktionsplan von Seiten Marokkos als unausgewogen empfunden wird. Die darin vorgeschlagenen Projekte der Hochrangigen Gruppe seien zu

245 Vgl. Regionales Richtprogramm 2005-2006 für die Europa-Mittelmeer-Partnerschaft, S. 31, online im Internet: URL:http://europa.eu.int/comm!external-relations/euromed/rsp/nip0506.htm [Stand 28.04.2005].

246 Vgl. Europa-Mittelmeer-Abkommen zur Gründung einer Assoziation zwischen den Europäischen Gemeinschaften und ihren Mitgliedstaaten einerseits und dem Königreich Marokko andererseits, Amtsblatt L70 18.03.2000, S. 2.

247 Vgl. Art. 71 Abs. 1 des Assoziationsabkommens.

248 Vgl. dazu auch Lavenex, Sandra: EU Trade Policy and Immigration Control, in: ders./Ucarer, Emek (Hg.): Migration and the Externalities of European Integration, Maryland 2002, S. 161-178.S. 166-170.

249 Vgl. Aktionsplan für Marokko, 11426/99, S. 13

sehr auf die Dimension der Sicherheit ausgelegt.[250] In der Tat ist festzustellen, dass sich von 18 vorgeschlagenen Maßnahmen nur zwei mit der Reduzierung von Migrationsursachen beschäftigen.[251] Auf dem ersten Treffen des Assoziationsrates EU-Marokko am 9. Oktober 2000 äußerte die marokkanische Delegation deshalb den Wunsch, zur Ursachenbekämpfung von Migration stärker auf die sozioökonomische Dimension einzugehen. Auf Vorschlag des Vorsitzes der Hochrangigen Gruppe wurde daraufhin im Rahmen des Assoziationsabkommens ein Unterausschuss für Einwanderung und soziale Angelegenheiten eingerichtet, um unter Berücksichtigung der marokkanischen Kritik den Aktionsplan ergänzend zu bearbeiten. In einer 2003 vorgenommenen Bewertung bezüglich der Zusammenarbeit bei Migrationsfragen mit Marokko kommt die Kommission zu dem Ergebnis, dass auf Grund der „offenen und fruchtbaren Diskussionen“ ein vertrauensbildender Prozess zu früheren Tabuthemen eingeleitet werden konnte.[252]

5.2.2 Ursachenbekämpfung von Migration in der Nachbarschaftspolitik mit Marokko

Die Diskussionen zwischen Kommission und marokkanischen Vertretern im Verlauf des Jahres 2001 ergaben, dass für das nationale Strategieprogramm 2002-2006 im Rahmen der MEDA-Kooperation einer der Schwerpunkte auf den Bereich der Migration gelegt wurde. Im Strategieprogramm wird dazu festgehalten:

> „En effet l'émigration des citoyens marocains vers l'UE [Union Européenne] constitue aujourd'hui un problème mutual qu'il faut aborder sans délai. La coopération de la CE [Communauté Européenne] agira sur deux plans parallèles: d'une part mieux organiser l'émigration légale en combattant en meme temps l'illégale et d'autre part fixer la populations dans les regions source principale de cette émigration, et plus particulièrement les Provinces du Nord."[253]

Entsprechend der Ausführungen des Strategieprogramms wurde die Priorität „Migration" in das Nationale Richtprogramm 2002-2004 aufgenommen und in Form von drei Programmen umgesetzt.[254] Ein Programm beschäftigt sich mit der institutionellen Unterstützung des Personenverkehrs und erhielt eine finanzielles Volumen von 5 Mio. €. Mit Hilfe europäischer Unterstützung sollen staatliche Strukturen

250 Vgl. Bericht der Hochrangigen Gruppe für Asyl und Migration an den Europäischen Rat (Nizza), 29.11.2000,13993/00 (=Dokument des Rates), S. 7.

251 Vgl. Gliederungspunkt 5.1.1

252 Vgl. Verstärkte Zusammenarbeit mit Drittländern bei der Steuerung der Migrationsströme, SEK(2003)815, 9.7.2003, S. 4

253 Document de Stratégie 2002-2006 pour le Maroc, 6.12.2001, S. 4, online im Internet: URL:http://www.europa.eu.int/comm/external_relations/morocco/csp/index.htm [Stand 29.4.2005].

254 Vgl. Programme Indicatif National 2002-2004 pour le Maroc, S. 44-48, online im Internet: http://www.europa.eu.int/comm/external_relations/morocco/csp/index.htm [Stand 29.4.2005].

geschaffen werden, die in der Lage sind, die legale Emigration entsprechend der Nachfrage in den Zielländern zu kanalisieren. Dieses Projekt ist in Zusammenhang mit dem Vorstoß der Kommission zu sehen, einheitliche und legale Einreisestandards für Wirtschaftsmigranten auf europäischer Ebene zu schaffen.[255]

Das zweite Programm betrifft den Grenzschutz zur Verhinderung grenzüberschreitender Kriminalität und illegaler Migration. Die technische und finanzielle Unterstützung für eine effektive Grenzkontrolle wurde mit 40 Mio. € ausgestattet.

Das dritte Programm greift die Dimension „Bekämpfung von Migrationsursachen" auf und stellt damit den ersten expliziten Versuch der EU dar, Migrationsursachen in den Beziehungen zu Drittstaaten zu berücksichtigen. Das Nationale Richtprogramm 2002-2004 für Marokko ist damit das erste bilaterale Programm, in dem es der Kommission gelungen ist, die Migrationsursachen und Entwicklungshilfe in einer Maßnahme zu verbinden. Es bezieht sich auf die sozioökonomische Entwicklung von Regionen, aus denen verstärkt in die Union abgewandert wird und konzentriert sich dabei auf eine Strategie für die Entwicklung der nördlichen Provinzen. Die Kommission nimmt an, dass etwa 40% aller marokkanischen Europamigranten aus dem Norden Marokkos stammt. Der Norden ist sehr schwach entwickelt und die Bevölkerung lebt hauptsächlich von der Landwirtschaft, teilweise auch vom Cannabis-Anbau, wie beispielsweise in der Provinz Nador. Ziel der Strategie soll es sein, die Bevölkerung in ihren Regionen zu halten, um Landflucht und Emigration in Richtung Europa zu verhindern. Damit dies gelingt, sollen in einer kurzen Zeitspanne Arbeitsplätze geschaffen werden. Ebenso sollen die nördlichen Provinzen, um ihre Entwicklung zu fördern, in die Wirtschaft des restlichen Landes miteingebunden werden. Bereits von 1996 bis 2000 floss die Hälfte der MEDA-Mittel direkt oder indirekt in den Norden Marokkos. Die Kommission gelangte jedoch zu dem Ergebnis, dass die davon erhoffte Wirkung bislang sehr schwach ausfiel, was daran lag, dass die Projekte zu gestreut waren. Die Strategie für das Nationale Richtprogramm 2002-2004 sollte sich deshalb bei der Bewilligung von Projekten darauf konzentrieren, dass Arbeitsplätze geschaffen werden und die Grundlage gelegt wird, um nationale und ausländische Investitionen im Norden Marokkos anzuziehen. In diesem Sinne wurden für das Jahr 2004 42 Mio. € für das Projekt „Straßen im ländlichen Raum" bewilligt.[256] Damit soll das Regionalstraßennetz im Norden ausgebaut werden. Die Provinzen Al Hoceima, Chechaouen, Nador und Tetouan leiden unter unzureichender Verkehrsanschließung des ländlichen Umfelds. Es fehlen die Verbindungen zum Nationalstraßennetz und zu möglichen Fremdenverkehrsattraktionen. Ziele des Projekts sind die sozioökonomische Entwicklung der Region und die Erschließung der ländlichen Gebiete. Der Ausbau der Verkehrsinfrastruktur soll für die wirtschaftliche und soziale Entwicklung ein grundlegendes Gerüst bieten. Einer der Leistungsindikatoren, anhand derer gemessen werden soll, ob die Zielsetzung

255 Vgl. Mitteilung der Kommission an den Rat und das Europäische Parlament über eine Migrationspolitik der Gemeinschaft, KOM(2000)757 endgültig, 22.11.2000.

256 Vgl. Programme Indicatif National 2002-2004 pour le Maroc, S. 44-48.

erreicht wurde, besteht in der verringerten Abwanderungsrate der Landbevölkerung. Das Nationale Richtprogramm 2005-2006 setzt das 2004 begonnene Projekt fort und stellt für das Jahr 2005 34 Mio. € zur Verfügung.[257]

Insgesamt erhielt Marokko für den Zeitraum 2002-2004 426 Mio. € der MEDA-Mittel, das Nationale Richtprogramm 2005-2006 verfügt über ein Finanzvolumen von 275 Mio. €. Marokko ist damit das Land, das unter den Mittelmeer-Partnerländern die meiste Gemeinschaftshilfe erhält: Seit 1995 wurden 1,1 Mrd. € bereitgestellt.[258]

5.2.3 Fazit: Grundlegende Annahmen von Europäischem Rat und Kommission bei der Ausgestaltung des integrierten Migrationsansatzes

Das in den nördlichen Provinzen von Marokko durchgeführte Projekt zur Ursachenbekämpfung von Migration versucht auf die mikroökonomischen Gegebenheiten in den schwach entwickelten nördlichen Provinzen Marokkos Einfluss zu nehmen. Die Kommission vertritt die Auffassung, dass wirtschaftliche Unterentwicklung in einer Region, gekoppelt mit mangelndem Wohlstand und fehlenden Arbeitsplätzen, die Bevölkerung verstärkt zur Abwanderung bewegt.[259]

Dies entspricht den Aufforderungen des Europäischen Rates von Sevilla, der zur sozioökonomischen Dimension der Ursachenbekämpfung festhält:

> „In diesem Sinne erinnert der Rat daran, dass die Intensivierung der wirtschaftlichen Zusammenarbeit, die Entwicklung des Handels, die Entwicklungshilfe sowie die Konfliktverhütung Mittel darstellen, die den wirtschaftlichen Wohlstand der betreffenden Länder fördern und dadurch den Migrationsströmen zugrunde liegende Ursachen verringern.“ [260]

Als sogenannte Push-Faktoren, also migrationsauslösende Faktoren, nennt die Kommission in ihrer Mitteilung 2002 an erster Stelle negatives oder niedriges Wirtschaftswachstum zusammen mit ungleicher Einkommensverteilung, starkem Bevölkerungswachstum, Unterbeschäftigung und hoher Arbeitslosigkeit.[261] Die wirtschaftliche Disparität zwischen dem eigenen Heimatland und den Mitgliedstaaten der EU lässt viele Menschen mit der Hoffnung auf die Verbesserung ihrer sozioökonomischen Lage in Richtung Europa blicken. Gelingt es also, die wirtschaftliche Disparität zwischen der EU und den Herkunftsländern zu verringern, so muss als unmittelbare Folge auch der Migrationsdruck in die EU zurückgehen. Zu diesem Ergebnis gelangte die Kommission bereits schon 1994, als sie Rat und Europäisches Parlament darauf aufmerksam machte, dass wirtschaftliche Zusammenarbeit, eine

257 Vgl. Nationales Richtprogramm 2005-2006 für Marokko, 29.6.2004, S. 22-25, online im Internet: URL: http://www.europa.eu.int/comm/external_relations/morocco/csp/nip0506.htm [Stand 2.5.2005].

258 Vgl. Länderbericht Marokko, SEK(2004)569, 12.5.2004, S. 4.

259 Vgl. Gliederungspunkt 5.2.2

260 Schlussfolgerungen des Vorsitzes, Europäischer Rat von Sevilla, 13463/02, Nr. 33.

261 Vgl. Mitteilung der Kommission, KOM(2002)703, S. 10.

liberale Handelspolitik und die Entwicklungszusammenarbeit mit Drittländern dazu beitragen können, wirtschaftliche Disparitäten und damit den Migrationsdruck in die EU zu reduzieren.[262]

Kommission und Europäischer Rat gehen folglich von der Grundannahme aus, dass Migration in erster Linie durch mangelnden wirtschaftlichen Wohlstand ausgelöst und durch die wirtschaftlichen Disparitäten zwischen Ökonomien angetrieben wird.

Gleichzeitig hält die Kommission jedoch fest, dass die individuellen Beziehungen des potenziellen Migranten zu bereits emigrierten Bekannten, Verwandten oder Landsleuten eine entscheidende Rolle für die Auswanderung spielen:

> „Um wirklich den Schritt in Richtung Auswanderung zu wagen, braucht es Kontakte zwecks praktischem Rat und Unterstützung. In der Regel erleichtern familiäre Kontakte oder aber ein umfassendes Netz der Migrantendiaspora die praktischen Aspekte der Auswanderung."[263]

Dennoch blieb der soziale Kontext, innerhalb dessen Entscheidungen zur Migration getroffen werden, aus den Untersuchungen der Kommission bislang ausgeklammert.

Ebenso ergab die Analyse der Migrationsursachen der Hochrangigen Gruppe für Asyl und Migration, dass die Ursachen für Migration von Marokko in die EU nicht alleine wirtschaftlich begründet sind. Im Aktionsplan für Marokko werden neben den Migrationsursachen „Demographie", „Arbeitslosigkeit", „mangelndes Wirtschaftswachstum" auch soziale und kulturelle Ursachen und die marokkanische Gemeinschaft in Europa genannt. Die Bedeutung sozialer Netzwerke sowie der Einfluss gesellschaftlicher Aspekte wurden für die Ursachenanalyse marokkanischer Emigration im Aktionsplan der Hochrangigen Gruppe jedoch nicht näher untersucht.[264]

Deutlich wird also, dass sich die EU bei der Berücksichtigung von Migrationsursachen vorrangig auf Wirtschaftsentwicklung konzentriert. Gesellschaftliche Einflüsse auf Migrationsbewegungen wurden von der Kommission zwar genannt, bislang jedoch nicht näher untersucht oder bei der Einbeziehung von Migrationsbelangen in die Außenbeziehungen der EU weitergehend berücksichtigt. Erwähnt werden muss an dieser Stelle jedoch auch, dass der Europäische Rat im verabschiedeten „Gesamtansatz zur Einwanderungsfrage" im Dezember 2005 die Durchführung einer Studie fordert, die zu einem besseren Verständnis der eigentlichen Ursachen von Migration führt.[265] Hier bleiben die Ergebnisse abzuwarten.

262 Vgl. Mitteilung der Kommission, KOM(1994)23, S. 17-21.

263 Mitteilung der Kommission, KOM(2002)703, S. 12.

264 Vgl. Aktionsplan für Marokko, 11426/99, S. 7 f.

265 Vgl. Schlussfolgerungen des Vorsitzes, Europäischer Rat Brüssel, 15. und 16. Dezember 2005, 15914/1/05, Anhang I, S. 11.

6. Diskussion der präventiven Maßnahmen des integrierten Migrationsansatzes der Europäischen Union

Abschließend soll nun der Frage nachgegangen werden, inwieweit die im ersten Teil der Arbeit analysierten Migrationsursachen in Marokko vom integrierten Migrationsansatz aufgegriffen werden. Dabei wird auf die Ursachenbekämpfung von Migration im Rahmen der Nachbarschaftspolitik der EU mit Marokko eingegangen und das EU-Projekt „Straßen im ländlichen Raum" des Nationalen Richtprogramms für Marokko näher diskutiert. Hierbei stellt sich vor allem die Frage, welche Konsequenzen sich aus der analysierten Eigendynamik des marokkanischen Migrationsprozesses für die europäische Migrationspolitik und den integrierten Migrationsansatz ergeben.

6.1 Die Bewertung der MEDA-Kooperation mit Marokko

Als die wesentlichen Ursachen marokkanischer Emigration wurden das Wohlstandsgefälle zwischen Marokko und der EU analysiert und eine damit verbundene Eigendynamik des marokkanischen Migrationsprozesses. Ohne wirtschaftliche Disparität zwischen Marokko und den EU-Mitgliedstaaten wären Wanderungsbewegungen zwischen Marokko und Europa weder entstanden noch hätte sich eine Eigendynamik entwickeln können.[266]

Der Ansatz der Kommission im MEDA-Länderstrategieprogramm für Marokko, die sozioökonomische Entwicklung einer starken Auswanderungsregion zu fördern, erscheint daher durchaus sinnvoll. Mit der Umsetzung dieser Strategie in Form eines Projekts zum Straßenbau im ländlichen Raum möchte die Kommission auf mikroökonomischer Ebene die wirtschaftliche Entwicklung anregen und damit wirtschaftlich motivierte Auswanderung aus dieser Region eindämmen.[267] Dabei wird auch der Tatsache Rechnung getragen, dass die Migrationsabsicht auf dem Land stärker ausgeprägt ist als in den Städten.[268] Aus wirtschaftlicher Sicht wird abzuwarten sein, ob der Ausbau des Regionalstraßennetzes im Norden Marokkos durch das EU-Projekt solch einen Entwicklungsschub auslöst, dass dadurch in dieser Region verstärkt investiert, Arbeitsplätze geschaffen werden und in der Folge weniger Menschen aus dieser Region abwandern.

Obwohl die Ergebnisse der Ursachenanalyse durchaus dafür sprechen, die Wirtschaftentwicklung in Marokko zu fördern, um damit das migrationsauslösende Wohlstandsgefälle zu verringern, so muss bei genauerer Betrachtung der Zuschnitt des EU-Projekts dennoch hinterfragt werden. Untersuchungsgegenstand der Ursa-

266 Vgl. Gliederungspunkt 4.
267 Vgl. Gliederungspunkt 5.2.2 und 5.2.3
268 Vgl. Gliederungspunkt 2.1.2.

chenanalyse waren nicht nur die wirtschaftlichen Rahmenbedingungen, sondern auch der soziale Kontext, in dem sich die Entscheidungen zur Migration vollziehen. Erst eine Analyse auf gesellschaftlicher Ebene hat die Eigendynamik des Migrationsprozesses erklärt und verständlich gemacht. Es konnten einige spezifische Charakteristika der marokkanischen Gesellschaft herausgearbeitet werden, die die Ausrichtung des EU-Projektes in Frage stellen.

Seit der Industrialisierung Marokkos nach dem Zweiten Weltkrieg ist eine stetig wachsende Urbanisierung in Marokko festzustellen. Über die Hälfte der Marokkaner lebt heute in den Städten; damit hat sich die Zahl seit 1950 fast verdoppelt. Wie stark die Landflucht in der nördlichen Provinz Al Hoceima, eine der Empfänger-Provinzen des EU-Projekts, ausgeprägt ist, wurde von Lazaar dargestellt.[269] Auch wenn im ländlichen Raum mehr Menschen auswandern möchten als in den Städten, zeichnet sich ab, dass gerade die jungen Migranten zunehmend aus den Städten kommen.[270] Marokko hat in den Städten mit dem Problem der Jugendarbeitslosigkeit zu kämpfen. Viele Hochschulabgänger finden keinen Beruf.[271] 65% der von Erf und Heering befragten Migranten in Marokko, die in den letzten zehn Jahren ausgewandert sind, waren unter 30.[272] Es stellt sich also die Frage, ob das EU-Projekt nicht an der Zielgruppe „von morgen" vorbeigeht.

Nach den Untersuchungen von Chattou und Lazaar ist die junge Generation von einer ablehnenden Haltung gegenüber der Landwirtschaft geprägt. Chattou hat in seinem Untersuchungsgebiet, das im Nordosten Marokkos liegt, aufgezeigt, dass die Jugendlichen sich dort zum Teil weigern, in der Landwirtschaft zu arbeiten.[273] Auch Lazaar hat für die Provinz Al Hoceima festgestellt, dass sich vor allem die Generation, deren Väter zum Geldverdienen nach Europa gegangen sind, von der Arbeit in der Landwirtschaft distanziert hat.[274] Die landwirtschaftliche Erwerbstätigkeit ist bei der heutigen Migrantengeneration nicht mehr im gleichen Maße angesehen, wie das noch bei den Arbeitsmigranten der 1960er Jahre der Fall war. Ebenso führt die Existenz einer innovativen Migrationskultur vor Augen, dass es den jungen Marokkanern nicht nur um eine reine Wirtschaftsmigration mit der Aussicht auf höhere Löhne in Europa geht, sondern dass sie auch von soziokulturellen Motiven angetrieben werden. Während das Leben in Europa mit der persönlichen Selbstentfaltung gleichgesetzt wird, wird das Leben in Marokko eher mit Abstand betrachtet.[275] Es ist davon auszugehen, dass potenzielle Migranten, die der Migration einen solchen Wert beimessen, durch ein Infrastruktur-Projekt im ländlichen Raum nicht angeregt werden, sich dort infolge besserer Wirtschaftsentwicklung niederzulassen.

269 Vgl. Gliederungspunkt 3.1.2 und Lazaar: Conséquences de l'émigration. S. 109-112.
270 Vgl. Gliederungspunkt 3.3.
271 Vgl. Gliederungspunkt 2.1.1.
272 Vgl. Gliederungspunkt 3.3.2
273 Vgl. Gliederungspunkt 3.3.2 und Chattou: Migrations marocaines. S. 130 f.
274 Vgl. Gliederungspunkt 3.3.2 und Lazaar: Conséquences de l'émigration. S. 108 f.
275 Vgl. Gliederungspunkt 3.3.2.

Zielgruppe des EU-Projekts wird nicht die junge Migrantengeneration sein, da sie das Leben in der Stadt dem Leben auf dem Land vorzieht, die Arbeit in der Landwirtschaft ablehnt und sich von den traditionellen Strukturen distanziert.

Das Infrastruktur-Projekt ist folglich nur für den Teil der Bevölkerung interessant, der bislang noch nicht in die Stadt abgewandert ist. Der von der EU geförderte Straßenausbau ist jedoch nur ein erster Schritt, der als Gerüst für weitere Projekte und Investitionen dient. Unmittelbar spürbar wird die bessere Anbindung des ländlichen Raums an die städtische Infrastruktur mit Schulen, Krankenhäusern usw. sein. Kommt es auf Grund einer besseren Verkehrsanbindung zu Investitionen, die die Wirtschaftsentwicklung in dieser peripheren Region Marokkos vorantreiben können, so wird die Bevölkerung dies erst langfristig spüren. Dabei sollte berücksichtigt werden, dass nur die wenigsten Marokkaner wirlich auswandern wollen. Entsprechend der quantitativen Erhebungen von Erf und Heering in den nördlichen Provinzen Larache und Nador wollen 79% bzw. 77% der Befragten nicht auswandern.[276] Es ist anzunehmen, dass nur die Bevölkerungsteile von dem Projekt profitieren werden, die auf Grund ihrer Heimatverbundenheit oder anderer Gründe kein Interesse an einer Emigration haben.[277]

Aus entwicklungspolitischer Sicht ist es konsequent, insbesondere strukturschwache Regionen in Entwicklungsländern zu fördern. Dies widerspricht auch nicht den Aussagen der aktuellen Migrationstheorien. Dennoch ist anzunehmen, dass das EU-Projekt als präventive Maßnahme zur Ursachenbekämpfung von Migration auf Grund der oben beschriebenen Gründe keine spürbaren Auswirkungen auf die Reduzierung des Migrationsdrucks in Richtung Europa haben wird.

Angesichts der Tatsache, dass der demographische Druck in Marokko momentan noch sehr stark ist, empfiehlt sich eine Strategie, die bei der Generation ansetzt, deren Bevölkerungsanteil in Marokko am höchsten ist. Marokko zeichnet sich durch eine junge Altersstruktur aus.[278] Die Mehrzahl der marokkanischen Europamigranten ist unter 30 Jahren. Aus demographischer Sicht wäre es also durchaus sinnvoll, Strategien für die junge Bevölkerung in Marokko zu entwickeln, da die jungen Marokkaner unter dem größten demographischen Druck auf dem marokkanischen Arbeitsmarkt stehen und sehr viel häufiger auswandern als ältere Marokkaner.

Betrachtet man die Ergebnisse der Ursachenanalyse, zeigt sich, dass die bisherigen Instrumente der Entwicklungspolitik für eine Ursachenbekämpfung von Migration alleine nicht ausreichen können, sondern dass der integrierte Migrationsansatz der EU im Rahmen der Nachbarschaftspolitik mit Marokko einer spezifischeren Ausprägung bedarf:

Jeder potenzielle Migrant befindet sich zum Zeitpunkt der Entscheidung zur Migration in einem anderen sozialen und ökonomischen Kontext. Wahrgenommen wer-

276 Vgl. Erf/Heering: Moroccan Migration Dynamics. S. 48.

277 Zur Rolle der Heimatverbundenheit für die Entscheidung zur Migration vgl. Gliederungspunkt 1.

278 Vgl. Gliederungspunkt 2.1.1.

den die Geldüberweisungen der Migranten aus dem Ausland und die Wohlstandssteigerung ihrer Familien; Bekannte und Verwandte stellen Informationen oder auch Hilfestellungen für die Auswanderung bereit. Die Existenz einer Migrationskultur trägt dazu bei, dass die Migration als einzige und oftmals attraktivste Lösung zur Verbesserung oder Veränderung der individuellen Situation wahrgenommen wird. Logisch ist daher ein Entwicklungskonzept, das es schafft auf individueller Ebene Einfluss zu nehmen. Die effektive Ursachenbekämpfung von Migration sollte dementsprechend in ihrer Wirkung nicht nur langfristig, sondern auch kurzfristig angelegt sein und versuchen, die gesellschaftliche Dimension der Migration zu erfassen. Das aktuelle MEDA-Programm der EU für Marokko möchte mit dem Ausbau der Verkehrsinfrastruktur die ökonomischen Rahmenbedingungen einer Auswanderungsregion fördern. Damit werden zwar indirekt die Ursachen von Migration berücksichtigt, die direkte Wirkung ist jedoch so langfristig, dass der Erfolg nur schwer abzuschätzen ist. Als wesentliche Ursachen marokkanischer Migration wurde aber nicht nur die ökonomische Disparität zwischen Marokko und der EU analysiert, sondern auch der eigendynamische Charakter der heutigen marokkanischen Europamigration. Ziel sollte es also nicht nur sein, auf die wirtschaftliche Entwicklung von Auswanderungsregionen zu achten, sondern auch die Faktoren zu beachten, die für die Eigendynamik der Migration auf gesellschaftlicher Ebene verantwortlich gemacht werden können.

6.2 Die Verselbständigung des Migrationsprozesses und die Frage der politischen Beeinflussbarkeit

Die Migrationsgeschichte Marokkos hat gezeigt, dass die Migrationsbewegungen zwischen Marokko und Frankreich vor dem Zweiten Weltkrieg nur temporär und im Vergleich zur algerischen Frankreichmigration in nur geringem Umfang stattfanden.[279] Erst mit der Anwerbepolitik europäischer Staaten wurde die Migration von Marokko in die europäischen Anwerbestaaten Frankreich, Belgien, Niederlande und Deutschland signifikant.[280] Die aktive Anwerbepolitik und die damit verbundene starke Zunahme marokkanischer Einwanderer haben die Eigendynamik des Migrationsprozesses ausgelöst: Seit diesem Zeitpunkt stieg das Volumen der Geldüberweisungen marokkanischer Migranten kontinuierlich an. Es weiteten sich die sozialen Netzwerke zwischen Marokko und der marokkanischen Gemeinschaft in Europa aus und es entwickelte sich eine Migrationskultur in Marokko, die der Migration einen positiven Wert beimisst.[281] Die Wirkungen dieser drei genannten Faktoren auf die marokkanische Gesellschaft führen dazu, dass die Migrationsbewegungen zwischen Marokko und der EU nicht abreißen.

279 Vgl. Gliederungspunkt 2.2.1.
280 Vgl. Gliederungspunkt 2.2.2.
281 Vgl. Gliederungspunkte 3.1, 3.2 und 3.3.

Die marokkanische Europamigration entwickelte sich zu einem gesellschaftlichen Sog.[282] Ausdruck der Eigendynamik marokkanischer Migration wurde die Tatsache, dass sie von Seiten der europäischen Staaten nicht mehr kontrollierbar war. Das Problem mangelnder politischer Beeinflussbarkeit als Folge der Verselbständigung der Migration führt zu der Frage, wie auf die Eigendynamik des marokkanischen Migrationsprozesses mit politischen Mitteln Einfluss genommen werden kann. Logisch erscheint es, bei den Faktoren anzusetzen, die die Eigendynamik des Migrationsprozesses begünstigen. Inwiefern kann also auf Migrantennetzwerke, auf die durch Migration verursachte Wohlstandsdisparität und auf eine Migrationskultur mittels europäischer Politik eingewirkt werden, um diesen Faktoren eine migrationshemmende Wirkung zu geben?

Soziale Netzwerke zwischen Ursprungs- und Zielland stellen einen wichtigen Kanal zur Informationsweitergabe dar. Wird ein Migrant, der mit der Unterstützung eines Netzwerkes nach Europa reisen möchte, bei der illegalen Einreise in die EU aufgegriffen, wird er bei der Informationsweitergabe im Rahmen der Netzwerkstrukturen nicht mehr ein Multiplikator des Erfolgs, sondern des Misserfolgs sein. Häufen sich diese Fälle, dann wirken soziale Netze eher migrationshemmend als –fördernd:

> „Erreichen die Rückschläge ein gewisses Ausmaß dann kommt die erfolgsbezogene Netzwerkdynamik, die wesentlich an der rapiden Ausbreitung des Menschenschmuggels beteiligt ist, zum Erliegen.“[283]

Dieser Argumentation steht jedoch entgegen, dass bei einer schwierigen Grenzüberwindung das Schleusergeschäft gestärkt wird. Effektive und strenge Grenzkontrollen können einerseits die eigendynamische Wirkung der Netzwerke ausbremsen, führen aber andererseits zwangsläufig dazu, dass Migranten, die eine illegale Migration dennoch wagen, sich verstärkt in die Hände von Schlepperbanden begeben.

Generell erscheint es sehr schwer auf Migrantennetzwerke einzuwirken, da ihre Ausdehnung kaum nachzuvollziehen ist und das Ziel solcher Netzwerke, außer im Falle der Familienzusammenführung, gerade darin besteht, die Einwanderung, angesichts mangelnder legaler Einreisemöglichkeiten, zu erleichtern. Kennzeichen der Netzwerke ist also, dass sie meistens an den staatlichen Strukturen vorbeiarbeiten. Mit der Schaffung eines Einwanderungssystems auf EU-Ebene, das geregelte Einwanderung zulässt, wird die Bedeutung von Netzwerken für die Migration zwar etwas nachlassen, aber nicht gänzlich verschwinden. Es wird immer noch Migranten geben, die den Kriterien des Einwanderungssystems nicht entsprechen und daher alleine auf die Unterstützung solcher Netzwerke für ihre Migration zurückgreifen werden.[284]

282 Vgl. Garson: Migration and Interdependence. S. 85.
283 Müller-Schneider: Wertintegration und neue Mobilität. S. 85.
284 Vgl. Müller-Schneider: Wertintegration und neue Mobilität. S. 88 ff.

Wohlstandsdisparitäten, die infolge von Migration entstehen und zu einer relativen Benachteiligung für die führen, die nicht ausgewandert sind, können nur ausgeglichen werden, wenn das Einkommen in Marokko insgesamt so stark ansteigt, dass es sich auf Grund des Einkommensunterschieds nicht mehr lohnt auszuwandern. Da eine Migration nicht nur ein höheres Einkommen verspricht, sondern auch psychische und finanzielle Kosten mit sich bringt, müsste die Kosten-Nutzen-Rechnung zu einer Entscheidung gegen die Migration führen. Die Bedingungen in der Heimat müssen einen Lebensstandard garantieren, der die Migration nicht mehr lohnenswert erscheinen lässt.[285] Als Beispiel der europäischen Migrationsgeschichte nannte Massey das Abflauen der spanischen Emigration als Folge wirtschaftlichen Aufschwungs.[286] Es gibt bereits Konzepte, die versuchen die Geldüberweisungen der Migranten zu kanalisieren. Dabei soll die Migration nicht nur zum Vorteil des Migranten und seiner Familie sein, sondern auch die regionale Wirtschaftsentwicklung fördern. Auf diese Weise kann langfristig ein Beitrag zum Abbau der Einkommensdisparitäten und zur Angleichung der Lebensverhältnisse geleistet werden. Ein solches Konzept wurde bei einer öffentlichen Anhörung des Europäischen Parlaments am 14. und 15. März 2005 vom Centro Studi Politica Internazionale (CeSPI) vorgestellt.[287] Kern des Konzepts ist eine Public-Private-Partnership mit interessierten Banken. Dabei geht es darum, in Zusammenarbeit neue, auf Migranten zugeschnittene Finanzprodukte anzubieten, beispielsweise in Form von Sparplänen, die auch Kranken- und Lebensversicherung, Kreditzugang und andere Leistungen beinhalten sollten. Die durch die Sparpläne erzielte Liquidität der Banken sollte im jeweiligen Herkunftsland, beispielsweise in Form eines Mikrofinanz[288]-Fonds, investiert werden, auf den wiederum regionale Banken zur Vergabe von Krediten an kleine Unternehmen zugreifen können.[289]

Wie bereits erwähnt, stellte die Kommission in ihrer Mitteilung im September 2005 ein erstes Konzept vor, das die Geldüberweisungen der Migranten als Potenzial zur Entwicklungsförderung im Ursprungsland betrachtet. Ziel der Kommission ist

285 Vgl. Massey: Worlds in Motion. S. 9 f.

286 Vgl. Gliederungspunkt 1.

287 Vgl. Stocchiero, Andrea: Policies and Practices on Migration and Development in Italy: Lessons to be learnt and Suggestions for the EU's AENEAS Programme, Position Paper, Rom 2004, online im Internet: URL:http://www.europarl.eu.int/comparl/libe/elsj/events /hearings/ 20050314/contr-cespi.pdf [Stand 16.8.2005].

288 Mikrofinanz als eine neue Form der Entwicklungshilfe möchte vor Ort arme, aber wirtschaftlich aktive Menschen unterstützen. Investoren, die soziale Verantwortung zeigen, können mit Mikrofinanz-Anlagen einen finanziellen und gesellschaftlichen Mehrwert schaffen. Mit dem Mikrofinanzsystem hoffen die VN die Halbierung der weltweiten Armut bis 2015 zu erreichen. 2005 wurde von den VN zum Internationalen Jahr des Mikrokredits erklärt, online im Internet: URL: http://www.yearofmicrocredit.org/ [Stand 16.8.2005].

289 Vgl. Stocchiero: Policies and Practics on Migration and Development in Italy. S. 5 f. Mit der Rolle der Geldüberweisungen für die marokkanische Entwicklung beschäftigt sich auch Nyberg Sorensen, Ninna: Migrant Remittances as a Development Tool: The Case of Morocco, Working Paper Series der IOM, Nr. 2/Juni 2004, online im Internet: URL: http://www.iom.int/documents/publication/en/remittances%5Fmorocco.pdf [Stand 18.8.2005].

es zum einen auf Gemeinschaftebene einen rechtlichen und technischen Rahmen zu schaffen, der den Finanzfluss in die Heimatländer der Migranten transparenter macht und vereinfacht und zum anderen die Finanzdienstleistungen – vor allem im Empfängerland – verbessert.[290]

Eine Migrationskultur, die der Migration in der Gesellschaft einen festen Wert gibt und zu einer erstrebenswerten Aktion macht, ist ebenso, wie die mangelnde politische Kontrollierbarkeit der Migration, Ausdruck der Eigendynamik des Migrationsprozesses, gleichzeitig aber auch ein „migration multiplier"[291]. Gerade die junge Generation ist bezüglich der beruflichen Zukunftschancen in Marokko desillusioniert und lehnt teilweise die traditionellen Strukturen in der Heimat ab. Europa bildet den Gegenpol dazu. Eine Möglichkeit, dieses Meinungsbild zu verändern, ist im Dialog und der individuellen Unterstützung zu sehen.

Ein Pilotprojekt der IOM für die sozioökonomische Entwicklung von Regionen mit einem hohen Auswanderungspotenzial scheint diesen Weg eingeschlagen zu haben.[292] Durch finanzielle und technische Unterstützung der IOM wird in der Stadt Tetouan eine öffentliche Sozialeinrichtung geschaffen werden, die eine Anlaufstelle für alle Altersklassen sein soll und dabei insbesondere die sozial entwurzelte Bevölkerung ansprechen möchte. Die Leistungen und Aktivitäten dieser Einrichtung sind verschiedenster Art und reichen von der Betreuung von Straßenkindern, über Berufstraining und -beratung bis hin zu Schreib- und Lesekursen. Das Berufstraining soll nachfrageorientiert sein und wendet sich beispielsweise an Jungunternehmer oder bietet eine speziell auf die Tourismusbranche zugeschnittene Ausbildung für die Gastronomie. Ziel ist es, eine individuelle Betreuung durch Information, Beratung und ein multidisziplinäres Angebot zu schaffen und dem Einzelnen dadurch die gesellschaftliche Integration und berufliche Weiterentwicklung zu erleichtern. Das Projekt befindet sich momentan noch in der Bau- und Vorbereitungsphase, so dass noch keine Aussagen über den Erfolg des Projekts gemacht werden können.[293] Zu erwarten ist jedoch, dass die Wirkungen des Projekts unmittelbar spürbar sein werden. Potenzielle Migranten können mit diesem Projekt direkt angesprochen werden. Insbesondere jüngeren arbeitslosen und desillusionierten Marokkanern könnte die

290 Vgl. Mitteilung der Kommission KOM(2005)309, S. 4-6.

291 Begriff stammt von Arnold, vgl. dazu Gliederungspunkt 3.2.1.

292 Das Pilotprojekt wird von der EU im Rahmen von INTERREG III B Medocc kofinanziert. INTERREG Medocc möchte mittels transnationaler regionaler Zusammenarbeit die Wettbewerbsfähigkeit Südeuropas steigern und wendet sich in erster Linie an die europäischen Länder des westlichen Mittelmeerraums. Aber auch MEDA-Länder können sich am INTERREG Medocc-Programm beteiligen. Damit soll im Sinne des Barcelona-Prozesses eine größere Integration zwischen den europäischen Mittelmeerregionen und den angrenzenden Regionen der Drittstaaten stattfinden. Nähere Informationen dazu online im Internet: URL: www.interreg-medocc.org [Stand 4.9.2005].

293 Vgl. IOM: „Dialogue 5+5" Newsletter, Nr. 1/September 2004, S. 8, online im Internet: URL:http://www.iom.int//DOCUMENTS/PUBLICATION/EN/newsletter_en1.pdf [Stand 18. 8.2005]

Sozialeinrichtung helfen, einen alternativen Weg zur Europamigration einzuschlagen.

Zusammenfassend lässt sich für die Beantwortung der Frage, inwiefern auf die Eigendynamik des Migrationsprozesses mit Mitteln europäischer Politik eine Antwort gegeben werden kann, festhalten:

Auf die durch die Geldüberweisungen der Migranten verursachte Verschärfung der Einkommensdisparitäten lässt sich nur mittels langfristiger Entwicklungshilfe reagieren. Hier empfiehlt es sich durchaus bei starken Auswanderungsregionen anzusetzen. Die Geldüberweisungen der Migranten aus dem Ausland in ein Entwicklungskonzept miteinzubeziehen, stellt dabei eine interessante Alternative dar.

Die Dynamik sozialer Netzwerke erscheint mit politischen Instrumenten nicht auszubremsen zu sein. Verschärfter Grenzschutz konnte bislang die Menschen an der unerlaubten Einreise nach Europa nicht hindern. Wichtig sind Aufklärungskampagnen in Marokko selbst, die auf die Gefahren illegaler Migration hinweisen und Möglichkeiten legaler Auswanderung nach Europa aufzeigen. Ebenso kommt aber auch der Schaffung legaler Einwanderungsstandards in die EU Bedeutung zu. Mit der Existenz eines EU-Einwanderungssystems würden einige, jedoch nicht alle Migranten, nicht mehr auf Netzwerke zurückgreifen müssen.

Die Eigendynamik der Migration zeigt sich im Wertesystem der marokkanischen Gesellschaft. Migration wird ein positiver Wert beigemessen. Wie bereits dargestellt, empfiehlt es sich vor dem Hintergrund der jungen Altersstruktur in Marokko und der Tatsache, dass sehr viele junge Marokkaner nach Europa emigrieren, Strategien zu entwickeln, die auf die junge Generation potenzieller Migranten in Marokko zugeschnitten sind. Dabei muss der Spagat zwischen den traditionellen gesellschaftlichen Strukturen und den Forderungen der jungen Generation nach einem modernen, unabhängigen Leben nach europäischem Vorbild geschafft werden. Ebenso sollte berücksichtigt werden, dass Migrationsentscheidungen immer in einem spezifischen individuellen Kontext zustande kommen. Das IOM-Pilotprojekt ist ein Beispiel für ein Projekt, das durch individuelle Beratung und Unterstützung auswanderungsbereiten Menschen Alternativen aufzeigen kann.

C Forschungsdesiderat

Um die der Arbeit zu Grunde liegende Fragestellung beantworten zu können, wurde in einem ersten Schritt eine Ursachenanalyse marokkanischer Migration vorgenommen. Die Ergebnisse der Ursachenanalyse zeigen, dass die ökonomische Disparität zwischen Marokko und der EU die Auswanderungsmotive marokkanischer Migranten stark beeinflusst. Auch wenn die ökonomischen Entwicklungsunterschiede ausschlaggebend für freiwillige Wanderungsbewegungen von Marokko in die EU sind, so sind sie dennoch nicht alleine für den Umfang der Migration verantwortlich. Kennzeichen des marokkanischen Migrationsprozesses ist seine Eigendynamik. Aufgezeigt wurde, dass die durch Migration entstandenen Einkommensdisparitäten in der Ursprungsgesellschaft, die Existenz und Größe sozialer Netzwerke und das Vorhandensein einer Migrationskultur Einfluss auf Größe und Dauer der Migrationsbewegungen haben. Die Eigendynamik des Migrationsprozesses zeichnet sich vor allem dadurch aus, dass die Migrationsbewegungen zwischen Marokko und der EU mit Instrumenten europäischer Migrationspolitik in der Vergangenheit nicht zu beeinflussen waren. Dies verdeutlicht sich vor allem an der steigenden Zahl illegaler Einwanderer aus Marokko, die Ende der 90er Jahre stark zugenommen hat.

Der Einwanderungsdruck von Marokko und anderen Staaten in die EU wird von den EU-Mitgliedstaaten als ein gemeinsames Problem empfunden. Für die Verwirklichung eines Raums der Freiheit, der Sicherheit und des Rechts liegt es im gemeinsamen Interesse der Mitgliedstaaten, eine kooperative Politik zu gestalten, der es auf EU-Ebene gelingt, Migration in geregelten Bahnen verlaufen zu lassen. Die seit dem Europäischen Rat von Tampere 1999 verfolgte Einbeziehung von Migrationsbelangen in die Außenbeziehungen der EU und die damit verbundene Berücksichtigung von Migrationsursachen heben sich von der bis dahin verfolgten Migrationspolitik der Gemeinschaft ab. Dieser integrierte Migrationsansatz ist nicht nur säulenübergreifend, indem er die Politikfelder Außenbeziehungen, Entwicklungshilfe und Innenpolitik verbindet, sondern hat auch eine präventive Dimension, die, im Gegensatz zu den bisherigen Maßnahmen der Union, versucht, gegen die Ursachen von Migration vorzugehen.

Der integrierte Migrationsansatz der EU baut zum einen darauf auf, für eine bessere Kontrolle der Migrationsbewegungen mit den Herkunftsländern von Migration zu kooperieren. Der Schwerpunkt liegt hier auf der Aushandlung von Rückübernahmeübereinkommen, auf der Unterstützung beim Grenzschutz und der Kapazitätenbildung in Verwaltung, Justiz und Polizei für den Bereich Migration. Zum anderen soll im Rahmen der Partnerschaft durch Instrumente der Entwicklungspolitik präventiv gegen Migration im Herkunftsland vorgegangen werden. Im Rahmen der MEDA-Kooperation hat die Kommission seit 2002 Migrationsbelange in die Nachbarschaftpolitik mit Marokko verstärkt integriert. Neben Kooperationsmaßnahmen zur Migrationsregulierung sieht das MEDA-Länderstrategieprogramm 2002-2006 für Marokko auch die Berücksichtigung von Migrationsursachen vor. Mit dem Projekt „Straßen im ländlichen Raum“ werden die wirtschaftlichen Rahmenbedingungen einer starken Auswanderungsregion im Norden Marokkos gefördert.

Um jedoch politisch auf die analysierte Eigendynamik des marokkanischen Migrationsprozesses Einfluss nehmen zu können, bedarf es einer Strategie, die nicht nur entwicklungsfördernd ist, sondern auf gesellschaftlicher Ebene potenzielle Migranten in Marokko erreichen kann. Da vor allem viele junge Marokkaner nach Europa migrieren, sollten diese auch die Zielgruppe derartiger Maßnahmen sein. Wichtig ist es, auf individueller Ebene Zugang zu potenziellen Migranten zu finden. Dabei sollte es nicht nur darum gehen, Alternativen zur Migration aufzuzeigen, sondern auch das in der Gesellschaft vermittelte Bild der Europamigration in einem Diskussionsprozess zu hinterfragen und zu korrigieren.

Die sogenannte „Eigendynamik“ des Migrationsprozesses ist eine abstrakte Begrifflichkeit. Es erscheint schwierig, mit politischen Mitteln auf gesellschaftliches Verhalten zu reagieren, das sich gerade dadurch auszeichnet, sich an den Zielen europäischer Politik vorbei zu bewegen. Die marokkanische Europamigration ist ein aktuelles Phänomen und die Wirkung der Entwicklungshilfe in Marokko wird, wenn erst, dann langfristig spürbar sein. Vor dem Hintergrund der hohen Arbeitslosigkeit, insbesondere unter jungen Menschen in Marokko, ist europäische Entwicklungshilfe, die auf die Schaffung von Arbeitsplätzen zielt, sehr wichtig, sollte aber um eine gesellschaftliche Komponente ergänzt werden. Berücksichtigt werden müssen dabei die individuellen Gründe für eine Migration sowie die Einflüsse der Gesellschaft auf die Migrationsentscheidung des Einzelnen. Im Zentrum sollte die wirtschaftliche und soziale Integration potenzieller Migranten stehen. In die richtige Richtung geht hier sicherlich das IOM-Pilotprojekt. Es bietet die Möglichkeit, auf individueller Ebene die soziale und wirtschaftliche Integration potenzieller Migranten zu fördern. Auch Bennani-Chraibi betont den Zusammenhang zwischen dem Wunsch zur Auswanderung und mangelnder sozialer und wirtschaftlicher Integration:

> „Il existe un lien indéniable entre le fait de refuser l'idée de vivre ailleurs et l'intégration de nature non seulement économique mais également sociale. ..., les jeunes qui tiennent à rester dans leur pays ne souffrent pas d'anomie. Ils se caractérisent par une situation stable pu favorable à la stabilisation.“[294]

Die Ergebnisse der Ursachenanalyse marokkanischer Emigration legen eine Ausweitung der bisherigen Maßnahmen des integrierten Migrationsansatzes nahe. Wie dargelegt wurde, sind die Möglichkeiten des Ansatzes noch nicht voll ausgeschöpft. Eine wichtige Ergänzung stellt hier der neue Ansatz der Kommission dar, der durch bessere Migrationssteuerung die Enwicklung des Auswanderungslandes fördern möchte. Berücksichtigt werden sollte hierbei jedoch auch, dass der integrierte Migrationsansatz nicht in der Lage ist, die Ursachen von Migration in ihrer Gesamtheit aufzugreifen.

294 Bennani-Chraibi: Soumis et rebelles. S. 169.

Der integrierte Migrationsansatz der EU zielt darauf, Migrationsbelange in den Außenbeziehungen der Union zu berücksichtigen. Dabei kann er lediglich auf die Push-Faktoren marokkanischer Migration eingehen, also auf die Faktoren, die in Marokko selbst eine migrationauslösende Wirkung haben. Unberücksichtigt bleiben die sogenannten Pull-Faktoren, die Migranten anziehen und in der EU zu suchen sind. Vor allem in der europäischen Schattenwirtschaft wird sowohl von Seiten der Kommission als auch von Seiten der Wissenschaft ein starker Pull-Faktor gesehen.[295]

Es wird davon ausgegangen, dass ein Zusammenhang zwischen dem Wachstum der Schattenwirtschaft in einem Staat und zunehmender illegaler Einwanderung besteht. Geschätzt wird, dass in etwa 70% der illegalen Einwanderer in der EU in der Schattenwirtschaft tätig sind.[296] Diejenigen Faktoren, die zu einer Vergrößerung der Schattenwirtschaft führen, verstärken folglich ebenso illegale Einwanderung.

Festgestellt wurde jedoch auch, dass innerhalb der letzten 15 Jahre in den meisten EU-Mitgliedstaaten die Schattenwirtschaft relativ zum nationalen Einkommen gewachsen ist. Das Beispiel der US-amerikanischen Wirtschaftgeschichte zeigt, dass illegale Einwanderer Lückenfüller für einen Arbeitskräftemangel in boomenden Ökonomien sein können.[297] Dieser Mangel drückt sich vor allem in den wiederholten Legalisierungsprogrammen der US-Regierung für illegale Einwanderer aus. Derartige Regularisierungsprogramme wurden aber auch in einigen EU-Mitgliedstaaten zum Teil schon mehrmals durchgeführt.[298]

Die Ursachen marokkanischer Migration sind weit komplexer und mit dem integrierten Migrationsansatz alleine nicht abzudecken. Die Zusammenhänge zwischen Wirtschaftsentwicklung, Schattenwirtschaft und illegaler Einwanderung dürfen bei einem politischen Ansatz, der versucht, mit präventiven Maßnahmen Migrationsbewegungen vorzubeugen, nicht unberücksichtigt bleiben. Der Europäische Rat hat deshalb auf seiner Tagung am 4. und 5. November 2004 in Brüssel im Rahmen des Haager Programms die Mitgliedstaaten aufgefordert, die in der Europäischen Be-

295 Vgl. u. a. Mitteilung der Kommission an den Rat und das Europäische Parlament über die Entwicklung einer Politik in den Bereichen, illegale EInwanderung, Schleuserkriminalität, Menschenhandel, Außengrenzen und Rückführung illegal aufhältiger Personen, KOM(2003)323 endgültig, 3.6.2003, S. 11, 12 sowie Mitteilung der Kommission, KOM(2004)412; außerdem Boswell/Straubhaar: The Illegal Employment of Foreigners in Europe. S. 4-7 und Entdorf, Horst/Jochen Moebert: The Demand for Illegal Migration and Market Outcomes, in: Intereconomics, Nr. 1/2004, S. 7-10.

296 Vgl. Boswell/Straubhaar: The Illegal Employment of Foreigners in Europa. S. 4.

297 Vgl. Entdorf/Moebert: The Demand for Illegal Migration. S. 7 f., 10.

298 Regularisierungsmaßnahmen wurden in Belgien im Jahr 2000, in Frankreich 1981 und 1997, in Griechenland 1997 und 2001, in Italien 1987, 1990, 1996, 1998 und 2001, in Portugal 1992, 1996 und 2001 und in Spanien 1985, 1991, 1996, 2000, 2001 und 2005 durchgeführt; vgl. dazu Foders: Zuwanderungspolitik in Europa. S. 218.

schäftigungsstrategie[299] festgelegten Zielvorgaben zur Verringerung der Schattenwirtschaft umzusetzen.[300]

Anliegen europäischer Migrationspolitik ist es, Wanderungsbewegungen nach Europa besser steuerbar zu machen. Die Instrumente europäischer Migrationspolitik müssen deshalb ebenso differenziert sein wie die Ursachen von Migration. Um dies bewerkstelligen zu können, ist es notwendig, Migrationsbelange in andere Politikbereiche zu integrieren. Der integrierte Migrationsansatz ist hierfür ein Beispiel.

Die Maßnahmen der Migrationspolitik für eine bessere Steuerung der Migration sind präventiv oder regulativ ausgerichtet. Die vorliegende Arbeit hat gezeigt, dass die bislang von der EU durchgeführten präventiven Maßnahmen in Marokko einer Ergänzung bedürfen. Generell sollten präventive Maßnahmen in den Beziehungen der EU zu Herkunftsländern von Wanderungsbewegungen eine stärkere Berücksichtigung finden. Vom 10. bis 11. Juli 2006 fand in Rabat die erste europäisch-afrikanische Konferenz zum Thema „Migration und Entwicklung" statt. Der von den Regierungsvertretern verabschiedete Aktionsplan enthält eine Reihe präventiver Maßnahmen. Unklar bleiben jedoch Finanzierung und zeitlicher Durchführungsrahmen.[301] Nach wie vor liegt aber der Schwepunkt bei der Zusammenarbeit mit Herkunftsländern von Migration auf regulierenden Maßnahmen wie der vom Europäischen Rat angenommene „Gesamtansatz zur Migrationsfrage" deutlich macht.[302]

Ebenso bedeutet Migrationskontrolle nicht nur Verhinderung der Einreise, sondern auch das Festlegen von klaren Einreisestandards. Nachdem die Kommission mit ihrem Richtlinienvorschlag „über die Bedingungen für die Einreise und den Aufenthalt von Drittstaatsangehörigen zur Ausübung einer unselbständigen oder selbständigen Erwerbstätigkeit"[303] seit 2001 gegenüber den Mitgliedstaaten der EU erfolglos war, bleibt abzuwarten, ob der im Dezember 2005 vorgelegte „Strategische Plan zur legalen Zuwanderung"[304] zu wirklichen Fortschritten in diesem Bereich führt.

Die Schaffung eines legalen Einwanderungssystems auf EU-Ebene wird in den nächsten Jahren zu den Herausforderungen an die europäische Migrationspolitik zählen.

299 Die Europäische Beschäftigungsstrategie wurde 1997 von den Mitgliedstaaten ins Leben gerufen und ist ein zentraler Bestandteil der Lissabon-Strategie. Die Lissabon-Stratgie verfolgt das Ziel, die Union bis 2010 zum wettbewerbsfähigsten und dynamischsten wissensbasierten Wirtschaftsraum der Welt zu machen.

300 Vgl. Schlussfolgerungen des Vorsitzes, Europäischer Rat Brüssel, 4. und 5. November 2004, 14292/04, Anlage 1, S. 19.

301 Vgl. Aktionsplan der Euro-afrikanischen Ministerkonferenz in Rabat vom 10. bis 11. Juli 2006, online im Internet: http://www.maec.gov.ma/migration/En/documentation.htm [Stand: 15.09. 2006]

302 Vgl. Schlussfolgerungen des Vorsitzes, Europäischer Rat Brüssel, 15. und 16. Dezember 2005, 15914/1/05, Anhang I, S. 9-14.

303 Vgl. KOM(2001)386

304 Vgl. KOM(2005)669

Quellenverzeichnis

Rechtsakte und internationale Abkommen der Europäischen Union

Europa-Mittelmeer-Abkommen zur Gründung einer Assoziation zwischen den Europäischen Gemeinschaften und ihren Mitgliedstaaten einerseits und dem Königreich Marokko andererseits, Amtsblatt L70 18.03.2000, S. 2.

Verordnung (EG) Nr. 491/2004 des Europäischen Parlaments und des Rates vom 10. März 2004 zur Einrichtung eines Programms für die finanzielle und technische Hilfe für Drittländer im Migrations- und Asylbereich (AENEAS).

Verordnung (EG) Nr. 2007/2004 zur Errichtung einer Europäischen Agentur für die operative Zusammenarbeit an den Außengrenzen der Mitgliedstaaten der Europäischen Union .

Vertrag über die Europäische Union (EU) vom 7. Februar 1992 in der Fassung vom 26. Februar 2001.

Vertrag zur Gründung der Europäischen Gemeinschaft (EG) vom 7. Februar 1992 in der Fassung vom 26. Februar 2001.

Vertrag zur Gründung der Europäischen Union vom 7. Februar 1992, online im Internet: URL: http://www.europa.eu.int/eurlex/lex/de/treaties/dat/11992M/htm/11992M.html#0001000001 [Stand 8.8.2005].

Dokumente der Europäischen Kommission

KOM-Dokumente[305]*:*

Mitteilung der Kommission an den Rat und das Europäische Parlament über Zuwanderungs- und Asylpolitik der Gemeinschaft, KOM(1994)23 endgültig, 23.0.1994.

Mitteilung der Kommission an den Rat und das Europäische Parlament über eine Migrationspolitik der Gemeinschaft, KOM(2000)757 endgültig, 22.11.2000.

Mitteilung der Kommission an den Rat und das Europäische Parlament, KOM(2001)386 endgültig, 3.7.2001 über die Bedingungen für die Einreise und den Aufenthalt von Drittstaatsangehörigen zur Ausübung einer unselbständigen oder selbständigen Erwerbstätigkeit.

Mitteilung der Kommission an den Rat und das Europäische Parlament: Auf dem Weg zu einem integrierten Grenzschutz an den Außengrenzen der EU-Mitgliedstaaten, KOM(2002)233 endgültig, 7.5.2002.

Mitteilung der Kommission an den Rat und das Europäische Parlament über die Einbeziehung von Migrationsbelangen in die Beziehungen der Europäischen Union zu Drittländern KOM(2002)703 endgültig, 3.12.2002.

305 Legislativvorschläge und sonstige Mitteilungen der Kommission an den Rat und/oder die anderen Organe sowie die entsprechenden vorbereitenden Dokumente

Mitteilung der Europäischen Kommission an den Rat und das Europäische Parlament: Größeres Europa - Nachbarschaft: Ein neuer Rahmen für die Beziehungen der EU zu ihren östlichen und südlichen Nachbarn, KOM(2003)104 endgültig, 11.3.2003.

Mitteilung der Europäischen Kommission an den Rat und das Europäische Parlament über die Entwicklung einer Politik in den Bereichen, illegale Einwanderung, Schleuserkriminalität, Menschenhandel, Außengrenzen und Rückführung illegal aufhältiger Personen, KOM(2003)323 endgültig, 3.6.2003.

Mitteilung der Europäischen Kommission an den Rat und das Europäische Parlament über die Zusammenhänge zwischen legaler und illegaler Migration, KOM(2004)412 endgültig, 4.6.2004.

Mitteilung der Kommission an den Rat und das Europäische Parlament über ein Konzept zur Verwaltung der Wirtschaftsmigration, KOM(2004)811 endgültig, 11.1.2005.

Mitteilung der Kommission an den Rat und das Europäische Parlament, den Europäischen Wirtschafts- und Sozialausschuss und den Ausschuss der Regionen zum Thema „Migration und Entwicklung: Konkrete Leitlinien“, KOM(2005)390 endgültig, 01.09.2005.

Mitteilung der Kommission über das Ergebnis der Überprüfung von Vorschlägen, die sich derzeit im Gesetzgebungsverfahren befinden, KOM(2005)462 endgültig, 27.09.2005.

Mitteilung der Kommission über einen Strategischen Plan zur Zuwanderung, KOM(2005)669 endgültig, 21.12.2005.

Mitteilung der Kommission an das Europäische Parlament und den Rat über ein Thematisches Programm für die Zusammenarbeit mit Drittländern in den Bereichen Migration und Asyl, KOM(2006)26 endgültig, 25.01.2006.

SEK-Dokumente[306]*:*

Mitteilung von Kommissionsmitglied Vittorino an die Kommission, SEK(2001)1338/1

Verstärkte Zusammenarbeit mit Drittländern bei der Steuerung der Migrationsströme (Arbeitsdokument der Kommissionsstellen) SEK(2003)815, 9.7.2003.

Länderbericht Marokko, Arbeitsdokument der Kommissionsdienststellen, SEK(2004)569, 12.5. 2004.

Dokumente der Nachbarschaftspolitik:

Erklärung von Barcelona, 27./28.11.1995, online im Internet: http://europa.eu.int/comm/external-relations/euromed/bd.htm [Stand 28.04.2005].

Document de Stratégie 2002-2006 pour le Maroc, 6.12.2001, online im Internet: http://www. europa.eu.int/ comm/external_relations/morocco/csp/index.htm [Stand 29.4.2005].

Programme Indicatif National 2002-2004 pour le Maroc, online im Internet: http://www.europa. eu.int/comm/external_relations/morocco/csp/index.htm [Stand 29.4.2005].

Regionales Richtprogramm 2005-2006 für die Europa-Mittelmeer-Partnerschaft, online im Internet: http://europa.eu.int/comm!externalrelations/euromed/rsp/nip0506.htm [Stand 28.04.2005].

306 interne Dokumente, die mit Entscheidungsprozessen und der allgemeinen Funktionsweise der Kommissionsdienststellen zusammenhängen.

Nationales Richtprogramm 2005-2006 für Marokko, 29.6.2004, S. 22-25, online im Internet: URL: http://www.europa.eu.int/comm/external_relations/morocco/csp/nip0506.htm [Stand 2.5.2005].

Reference Document for financial and technical assistance to third countries in the area of migration ans asylum, AENEAS Programme, 2004-2006, S. 15, 16, online im Internet: URL: http:// europa.eu.int/comm/europeaid/projects/eidhr/themesmigration_en.htm [Stand 24.8.2005].

Dokumente des Ministerrates

Aktionsplan für Marokko, 11426/99 LIMITE JAI 75 AG 30 (=Dokument des Rates).

Hochrangige Gruppe „Asyl und Migration" – Bericht an den Europäischen Rat (Nizza), 29.11. 2000, 13993/00 (=Dokument des Rates).

Mandat der Hochrangigen Gruppe "Asyl und Migration" zur Erstellung von Aktionsplänen für einige der wichtigsten Herkunfts- und Transitländer von Asylbewerbern und Zuwanderern, 5264/2/99 (=Dokument des Rates).

Strategiepapier zur Einwanderungs- und Asylpolitik, 1. Juli 1998, 9809/98 (=Dokument des Rates).

Vermerk der niederländischen Delegation, 1334/98 LIMITE JAI 37 AG 15 (=Dokument des Rates).

Aktionsplan des Rates und der Kommission zur bestmöglichen Umsetzung der Bestimmungen des Amsterdamer Vertrags über den Aufbau eines Raums der Freiheit, der Sicherheit und des Rechts, Amtsblatt C 19, 23.1.1999.

2203. Tagung des Rates „Justiz und Inneres", Luxemburg 4.10.1999, 11281/99.

2600. Tagung des Rates „Justiz und Inneres", Brüssel 19.7.2004, Mitteilung an die Presse 11161/04 (Presse 219).

Dokumente des Europäischen Rates

Schlussfolgerungen des Vorsitzes, Europäischer Rat Tampere, 15. und 16. Oktober 1999, 200/1/99.

Schlussfolgerungen des Vorsitzes, Europäischer Rat Laeken, 14. und 15. Dezember 2001, 00300/1/01.

Schlussfolgerungen des Vorsitzes, Europäischen Rat Sevilla, 21. und 22. Juni 2002, 13463/02.

Schlussfolgerungen des Vorsitzes, Europäischer Rat Brüssel, 4. und 5. November 2004, 14292/04.

Schlussfolgerungen des Vorsitzes, Europäischer Rat Brüssel, 15. und 16. Dezember 2005, 15914/ 1/05.

Dokumente von UNHCR

Genfer Flüchtlingskonvention, online im Internet: URL: http://www.unhcr.de/pdf/45.pdf [Stand: 15.7.2005].

UNHCR: Schutz und dauerhafte Lösungen für Flüchtlinge im Kontext von Migration und Entwicklung. Genf, September 2002, online im Internet: URL: http://unhcr.de/pdf/341.pdf [Stand: 15.7.2005].

Internetquellen

Eurostat-Statistik online im Internet: URL: Homepage der Europäischen Union http://www. europa.eu.int/comm/justice_home/doc_centre/asylum/statistical/docs/2001/apprehended_aliens_citizenship_ms_en.pdf [Stand 9.5.2005].

Online-Artikel: Spanien startet Legalisierungsaktion für illegale Arbeiter, in: Die Welt (online) vom 10.8.2005, online im Internet: URL: http://www.welt.de/data/ 2005/08/10/ 757773.html [Stand 22.8.2005].

Internetseiten

Hompage der Europäischen Union: http://www.europa.eu.int

Homepage der IOM: http://www.iom.int

Hompage des UNHCR: http://www.unhcr.de

Homepage der Migration Policy Group: http://www.migpolgroup.com/

Homepage des EMZ: http://www.emz-berlin.de

http://www.yearofmicrocredit.org

http://www.interreg-medocc.org

http://www.expatica.com

Literaturverzeichnis

Alba, Richard: Decolonization Immigrations and the Social Origins of the Second Generation: The Case of North Africans in France, in: International Migration Review, Nr. 4/2002, S. 1169-1193.

Arango, Joaquín: Explaining migration: a critical view, in: International Social Science Journal, Nr. 165/2000, S. 283-295.

Arnold, Fred: Unanswered Questions about the Immigration Multiplier, in: International Migration Review Nr. 4/1988, S. 889-892.

Baumer, Andreas: Spanien, in: Gieler, Wolfgang/Dietmar Fricke (Hg.): Handbuch Europäischer Migrationspolitiken. Die EU-Länder und die Beitrittskandidaten, Münster 2004, S. 169-182.

Behrens, Henning/Paul Noack: Theorien der Internationalen Politik, München 1984.

Bell, Nicholas: Illegale Arbeit in der Europäischen Landwirtschaft. Erdbeeren, Salat und Bauernlegen, in: Le Monde Diplomatique vom 11.4.2003, online im Internet: URL:

http://www.mondediplomatique.de/pm/2003/04/11.mondeText.artikel,a0067.idx,20

[Stand 1.8.2005].

Bennani-Chraibi, Mounia: Soumis et rebelles: les jeune au Maroc, Paris 1994.

Bensalah, Nouzha (Hg.): Familles torques et maghrebines aujourd'hui. Louvain-La-Neuve 1994.

Bertelsmann Transformation Index 2003, online im Internet: URL: http://www.bertelsmann-transformation-index.de/146.0.html [Stand:8.7.2005].

Bertelsmann Transformation Index 2006, online im Internet: URL: http://www.bertelsmann-transformation-index.de/146.0.html [Stand: 20.08.2006]

Bodega, Isababel u.a.: Recent Migrations from Morocco to Spain, in: International Migration Review, Nr. 3/1995, S. 800-819.

Boswell, Christina: European Migration Policies in Flux, Oxford 2003.

Boswell, Christina/Thomas Straubhaar: The Illegal Employment of Foreign Workers: an Overview, in: Intereconomics, Nr. 1/2004, S. 4-20.

Büchner, Hans-Joachim: Die temporäre Arbeitskräftewanderung nach Westeuropa als bestimmender Faktor für den gegenwärtigen Strukturwandel der Todhra-Oase (Südmarokko). Zum räumlich-sozialen Modernisierungsprozess in traditionellen ländlichen Gesellschaften Nordafrikas, Mainz 1986.

Bulletin Quotidien Europe vom 18.10.2004.

Cammaert, M. F.: The Long Road from Nador to Brussels, in: International Migration Review, Bd. 24 Nr. 3/1986, S. 635-649.

Castles, Stephen/Mark Miller: The Age of Migration. International Population Movements in the Modern World, New York 1993.

Chant, Sylvia (Hg.): Gender and Migration in Developing Countries, London/New York 1992.

Chattou, Zoubir: Migrations marocaines en Europa. Le paradoxe des itinéraires, Paris 1998.

Chimelli, Rudolph: „Reif für die Mülltonne", in: Süddeutsche Zeitung vom 2./3. Juli 2005, Nr. 150, S. 9.

Clément, Jean-Francois: Les effets sociaux du programme d'ajustement structurel marocain, in: Politique Etrangère, Nr. 4/1995, S. 1003-1013.

Cohen, Shana: Searching for a Different Future. The Rise of a Global Middle Class in Morocco, Durham/London 2004.

Currle, Edda: Migration in Europa – Daten und Hintergründe, Stuttgart 2004.

Därr, Erika/Astrid Därr: Marokko – Vom Rif zum Anti-Atlas. Bielefeld 2004.

Erf, Rob van der/Liesbeth Heering: Moroccan Migration Dynamics: Prospects for he Future. Den Haag 2002, online im Internet: URL:
http://www.iom.int/iomwebsite/Publication/ServletSearchPublication?event=detail&id=1673 [Stand: 9.7.2005].

Faath, Sigrid: Marokko. Die innen- und außenpolitische Entwicklung seit der Unabhängigkeit, Bd. 1: Kommentar, Hamburg 1987.

Faist, Thomas: Volume and Dynamics of International Migration and Transnational Social Spaces, Oxford 2000.

Faist, Thomas: The Crucial Meso-Level, in: Hammar, Thomas u.a.: International Migration, Immobility and Development. Multidisciplinary Perspectives, Oxford 1997, S.187-218.

Fargues, Philippe: Arab Migration to Europe: Trends and Policies, in: International Migration Review, Nr. 4/2004, S. 1348-1371.

Foders, Federico: Zuwanderungspolitik in Europa: Begrenzung, Steuerung oder Förderung der Migration?, in: Die Weltwirtschaft, Nr. 2/2004, S. 210-226.

Freedom House: Country Report Morocco 2003, online im Internet: URL: http://www. freedomhouse.org/research/freeworld/2003/countryratings/morocco.htm [Stand: 8.7.2005].

Gächter, August: Entwicklung und Migration. Die unvermeidliche Abwanderung aus der Landwirtschaft, in: Husa, Karl/Christof Parnreiter/Irene Stacher (Hg.): Internationale Migration. Die globale Herausforderung des 21. Jahrhunderts? Frankfurt a. M. 2000, S. 161-176.

Garson, Jean-Pierre: Migration and Interdependence: The Migration System between France and Africa, in: Kritz, Mary./Lin Lean Lim(Hg.): International Migration Systems. A Global Approach, Oxford 1992, S. 80-93.

Geisen, Thomas: Wanderungsbewegungen als Arbeitskraft-Trannsfersystem, in: ders. (Hg.): Mobilität und Mentalitäten. Beiträge zu Migration, Identität und regionaler Entwicklung. Frankfurt a. M./London 1997.

Global Commission on International Migration (GCIM): Migration in einer interdependenten Welt: Neue Handlungsprinzipien, Berlin 2005.

Haas, Ernst B.: The Uniting of Europe. Political, Social and Economic Forces 1950-1957, South Bend 2004.

Hagedorn, Heike: Frankreich: Integration à la francaise: Wie werden aus Migranten Franzosen?, in: Bade, Klaus (Hg.): Einwanderungskontinent Europa: Migration und Integration am Beginn des 21. Jahrhunderts, Osnabrück 2001, S. 89-104.

Heering, Liesbeth/Rob van der Erf/Leo van Wissen: The Role of Family Networks and Migration Culture in the Continuation of Moroccan Emigration: A Gender Perspective, in: Journal of Ethnic and Migration Studies, Nr. 2/2004, S. 323-337.

Hegasy, Sonja: Staat, Öffentlichkeit und Zivilgesellschaft in Marokko. Die Potenziale der soziokulturellen Opposition, Hamburg, Berlin 1997.

Hermele, Kenneth: The Discourse on Migration and Development, in: Hammar, Thomas u.a. (Hg.): International Migration, Immobility and Development. Multidisciplinary Perspectives, S. 133-158.

Huysmans, Jef: The European Union and the Securitization of Migration, in: Journal of Common Market Studies, Nr. 5/2000, S. 751-777.

International Organization for Migration (IOM): World Migration Report 2003. Managing Migration Challenges and Responses for People on the Move, Genf 2003.

International Organization for Migration (IOM): „Dialogue 5+5" Newsletter, Nr. 1/September 2004, online im Internet: URL:http://www.iom.int//DOCUMENTS/PUBLICATION/EN/ newsletter_en1.pdf [Stand 18.8.2005].

Klaauw, Johannes van der: Building Partnerships With Countries of Origin and Transit, in: Marinho, Clotilde: Asylum, Immigration and Schengen Post-Amsterdam: A First Assessment. Maastricht 2001, S. 21-46.

Knelangen, Wilhelm: Das Politikfeld innere Sicherheit im Integrationsprozess, Opladen 2001.

Kritz, Mary/Hania Zlotnik: Global Interactions: Migration Systems, Processes, and Policies, in: Dies./Lin Lean Lim(Hg.): International Migration Systems. A Global Approach, Oxford 1992. S. 1-18.

Lavenex, Sandra: EU Trade Policy and Immigration Control, in: ders./Ucarer, Emek (Hg.): Migration and the Externalities of European Integration, Maryland 2002, S. 161-178.

Lazaar, Mohamed: La Migration Inernationale et la Strategie d'Investissement des Emigres, in: Revue Geographie du Maroc, Bd. 15 Nr, 1, 2/1993, S. 167-179.

Lazaar, Mohamed: Conséquences de l'émigration dans les montagnes du Rif Central (Maroc), in: Revue Européenne des Migrations Internationales, Nr. 1, 2/1987, S. 97-114.

Lebon, André: Les envois des fonds des migrants et leur utilisation, in: International Migration, Nr. 4/1986, S. 281-329.

Longatte, Annie: Nordafrikanische Arbeitsmigration nach Frankreich, in: Journal für Entwicklungspolitik, Nr. 2/1993, S. 189-202.

Massey, Douglas u.a.: Worlds in Motion. Understanding International Migration at the End of the Millennium, Oxford 1998.

Massey, Douglas: Social structure, household strategies, and the cumulative causation of migration, in: Population Index, Nr. 56/1990, S. 3-26.

McMurray, David: In and out of Morocco. Smuggling and Migration in a Frontier Boomtown, Minneapolis 2001.

Monar, Jörg: "Ein Raum der Freiheit, der SIcherheit und des Rechts": Perspektiven nach dem Vertrag von Amsterdam und dem europäischen Recht, in: Jopp, Mathias/Andreas Maurer/Otto Schmuck (Hg.): Die Europäische Union nach Amsterdam. Analysen und Stellungnahmen zum neuen EU-Vertrag, Bonn 1998, S. 127-154.

Moravscik Andrew: Preferences and Power in the European Community: A Liberal Intergovernmentalist Approach, in: Journal of Common Market Studies, Nr. 4/1993, S. 473-524.

Müller-Schneider, Thomas: Wertintegration und neue Mobilität: Theorie der Migration in modernen Gesellschaften, Bamberg 2003.

Myrdal, Gunnar: Rich Lands and Poor. New York 1957.

Nadif, Mohammed: Migration et développement au Maroc: Quelles perspectives? Beitrag zu einer öffentlichen Anhörung des Europäischen Parlaments am 14./15.3.2005 in Brüssel, online im Internet: URL: http://www.europarl.eu.int/comparl/libe/elsj/events/hearings/20050314/ communication_nadif_fr.pdf [Stand 18.7.2005].

Niessen, Jan: International migration and relations with third countries: The European Union, Brüssel 2004, online im Internet: URL: http://www.migpolgroup.com/publications/default.asp? action=publication&pubid=131 [Stand 9.5.2005].

Nyberg Sorensen, Ninna: Migrant Remittances as a Development Tool: The Case of Morocco, Working Paper Series der IOM, Nr. 2/Juni 2004, online im Internet: URL: http://www.iom.int/documents/publication/en/remittances%5Fmorocco.pdf [Stand 18.8.2005].

Palomar, Teresa: Migration Policies of the European Union. Beitrag zum Projekt MigPol "Überblick über Zuwanderung, Integration, Asyl und Flüchtlingspolitik in den EU-Mitgliedsstaaten" des Europäischen Migrationszentrums (EMZ), Berlin, online im Internet: URL: http://www.emz-berlin.de/projekte_e/pj32_1pdf/MigPol/MigPol_EU.pdf [Stand 9.5.2005].

Pastore, Ferruccio: Aenea's Route: Euro-Mediterranean Relations and International Migration, in: Lavenex, Sandra/Emek Ucarer (Hg.): Migration and the Externalities of European Integration, Maryland 2002, S. 105-124.

Piore, Michael: Birds of Passage. Migrant labor and industrial societies, Cambridge 1979.

Rebeggiani, Lucia: Italien, in: Gieler, Wolfgang/Dietmar Fricke (Hg.): Handbuch Europäischer Migrationspolitiken. Die EU-Länder und die Beitrittskandidaten, Münster 2004. S. 107-120.

Refass, Mohammed: Un siècle d'émigration marocaine vers l'étranger, in: Revue de Géographie du Maroc, Nr. 1, 2/1993, S. 7-21.

Reniers, Georges: On the History and Selectivity of Turkish and Moroccan Migration to Belgium, in: International Migration, Nr. 4/1999, S. 679-711.

Rotte, Ralph/Michael Vogler: Determinants of international migration: Empirical Evidence for Migration from Developing Countries to Germany, IZA Discussion Paper No. 12, München 1998.

Samers, Michael: An Emerging Geopolitics of „illegal" Immigration in the European Union, in: European Journal of Migration and Law, Nr. 6/2004, S. 27-45.

Santel, Bernhard: Italien und Spanien: Einwanderung zwischen Abkehr und Normalität, in: Bade, Klaus (Hg.): Einwanderungskontinent Europa: Migration und Integration am Beginn des 21. Jahrhunderts. Osnabrück 2001, S. 105-116.

Schneidges, Rüdger: Kritik an Schilys Plänen für Auffanglager nimmt zu, in: Handelsblatt vom 6.8.2004, Nr. 151, S. 4.

Selm, Joanne van: Immigration and Asylum or Foreign Policy: The EU's Approach to Migrants and Their Countries of Origin, in: Lavenex, Sandra/Emek Ucarer (Hg.): Migration and the Externalities of European Integration, Maryland 2002, S. 143-160.

Simon, Julien: Irregular Transit Migration in the Mediterranean: Facts, Figures and Insights, in: Sorensen Nyberg, Ninna (Hg.): Mediterranean Transit Migration, Copenhagen 2006, S. 25-66.

Stacher, Irene/ Katharina Demel: Migration aus dem Maghreb nach Europa - neue Formen, neue Zielländer, in: Husa, Karl/Karl Parnreiter/Irene Stacher (Hg.): Internationale Migration. Die globale Herausforderung des 21. Jahrhunderts? Frankfurt a. M. 2000, S. 229-245.

Stark, Oded /David, Bloom: The New Economics of Labor Migration, in: American Economic Review, Nr. 75/1985, S. 173-178.

Stocchiero, Andrea: Policies and Practices on Migration and Development in Italy: Lessons to be learnt and Suggestions for the EU's AENEAS Programme, Position Paper, Rom 2004, Beitrag zu einer öffentlichen Anhörung des Europäischen Parlaments am 14./15.3.2005 in Brüssel, online im Internet: URL: http://www.europarl.eu.int/comparl/libe/elsj/events/hearings/20050314/ contr-cespi.pdf [Stand 16.8.2005].

Süddeutsche Zeitung vom 9.5.2005, Nr. 105, S. 8.

Tamim, Mohamed: Effets de l'Emigration Internationale sur la Vallée de l'Ouneine (Haut-Atlas Occidental), in: Revue de Geographie du Maroc, Nr. 1, 2/1993, S. 93-104.

Taylor, Edward: Differential Migration, Networks, Information and Risk, in: Stark, Oded (Hg.): Research in Human Capital and Development. A Research Annual, London 1984, S. 147-172.

Thomas, Brinley: Migration and Economic Growth: A study of Great Britain and the Atlantic Economy, Cambridge 1973.

Thomas, William/Florian Znaniecki: The Polish Peasant in Europe and America. New York 1958.

Tomei, Veronica: Europäisierung nationaler Migrationspolitik. Eine Studie zur Veränderung von Regieren in Europa, Stuttgart 2001.

Tranholm-Mikkelsen, Jeppe: Neo-functionalism: Obstinate or Obsolete? A Reappraisal in the Light of the New Dynamism of the EC, in: Millenium, Nr. 1/1991, S. 1-22.

Weidenfeld, Werner/Wolfgang Wessels (Hg.): Jahrbücher der Europäischen Integration. Bonn 1991-2002.

Zolberg, Aristide/Astri Suhrke/Sergio Aguayo: Escape from Violence. Conflict and the Refugee Crisis in the Developing World, New York 1989.

Zlotnik, Hania: Empirical Identification of International Migration Systems, in: Kritz, Mary/Lin Lean Lim/Hania Zlotnik (Hg.): International Migration Systems. A Global Approach, Oxford 1992, S. 19-40.

Zeitfracht Medien GmbH
Ferdinand-Jühlke-Straße 7
99095 Erfurt, Deutschland
produktsicherheit@kolibri360.de